Werner Kriegeskorte

Giuseppe Arcimboldo

1527–1593

Le Monde

COUVERTURE :
L'Eté (détail), 1573
Huile sur toile, 76 x 64 cm
Musée national du Louvre, Paris
Photo: AKG Berlin

ILLUSTRATION PAGE 2 ET DOS DE COUVERTURE :
Autoportrait, vers 1575
Dessin à la plume et au lavis bleu,
23 x 15,7 cm
Národni Galerie, Prague

Edition particulière pour *Le Monde*

Hohenzollernring 53, D–50672 Köln
www.taschen.com

Traduction française : Marie Hélène Meier
Couverture : Claudia Frey, Angelika Taschen, Cologne

Printed in Italy
ISBN 3–8228–4704–6

Sommaire

Vie et œuvre d'Arcimboldo

Les registres mortuaires de la santé publique de Milan mentionnent la mort, le 11 juillet 1593, du peintre Giuseppe Arcimboldo âgé d'environ 66 ans, «par rétention d'urine et gravelles sans soupçon de peste». Il est probablement né dans cette même ville de Milan en 1527, l'année où la soldatesque de Charles Quint pénétra dans Rome et mit la ville à sac.

REPRODUCTION PAGE 7:
Le Printemps, 1573
Huile sur toile, 76 × 63,5 cm
Musée national du Louvre, Paris

Le Tableau intitulé **Le Printemps** est entouré d'une guirlande dont la facture présente des différences notables avec l'effigie du printemps. André Pieyre de Mandiargues croit y voir un ajout ultérieur. Considéré à distance, le tableau offre au regard le visage d'une jeune femme au doux sourire; de plus près, il révèle une profusion de fleurs, de feuilles et de tiges minutieusement reproduites d'après la nature, créant l'illusion de la peau, des cheveux et du corsage. La peau est rendue par des fleurs blanches et roses, la chevelure est une couronne de fleurs multicolores et le corsage est constitué de feuilles et de plantes. Le nez est un lys en bouton, une tulipe figure l'oreille et l'oeil est représenté par deux merises et leur fleur. Des fleurs blanches forment le collet qui délimite le visage de l'habit.

REPRODUCTION CI-CONTRE:
L'Eté, 1573
Huile sur toile, 76 × 64 cm
Musée national du Louvre, Paris
Signé et daté sur le col et l'épaulette

Ce tableau appartient, avec **Le Printemps,** à la série complète des Saisons qui se trouve aujourd'hui au Musée du Louvre. La guirlande qui encadre la figure allégorique fut, là encore, très probablement rajoutée à une époque ultérieure. Comme **Le Printemps, L'Eté** est représenté par une tête de profil. Sur le col du personnage, l'artiste a finement tressé son nom «Giuseppe Arcimboldo.F.». La lettre F signifie «fecit» («a fait»). Le peintre authentifie ainsi son tableau. L'épaulette porte en outre l'année de la réalisation, 1573.

Le père de notre artiste s'appelait Biagio Arcimboldo ou Arcimboldi et travaillait comme peintre à la décoration de la cathédrale de Milan. La forme «correcte» de son nom n'a jamais pu être établie avec certitude car Giuseppe lui-même signait de diverses manières: tantôt Arcimboldo, tantôt Arcimboldi voire Arcimboldus et son prénom connaissait également des variantes: Giuseppe, Josephus, Joseph ou Josepho. Nous retiendrons la forme Arcimboldo qui est la plus couramment utilisée en France et dans les autres pays, à l'exception de l'Italie.

Ce patronyme est d'origine alémanique comme tous les noms de famille italiens se terminant en «baldo» ou «boldo». L'histoire de la famille Arcimboldo telle qu'elle fut consignée par le père jésuite F. Paolo Morigia, ami du peintre, sur les informations fournies par ce dernier, remonte au règne de Charlemagne. Un certain Saitfrid Arcimboldi, gentilhomme alémanique, aurait été au service de l'empereur germanique. Sur ses 16 enfants, trois se seraient particulièrement distingués, ce qui leur valut d'être anoblis. L'un des trois émigra en Italie où il fonda la lignée de Giuseppe. Le récit du père Morigia mêle légende et histoire mais les lignes suivantes me semblent assez dignes de foi: «Tout ce que j'ai écrit jusqu'à présent sur la famille Arcimboldi, je le tiens du signor Giuseppe Arcimboldi, honnête gentilhomme de haute moralité qui a servi deux empereurs germaniques, comme il sera relaté plus loin, et qui a trouvé cette généalogie et l'origine de la famille Arcimboldi dans un livre ancien en parchemin, rédigé en allemand, que lui lut le physicien de l'empereur Maximilien; de plus il déclare s'être trouvé en deux lieux appelés Arcimboldi. Il assure en outre qu'en la ville d'Augsbourg, dans le vaste cimetière jouxtant l'église la plus importante est érigée une grande chapelle. En franchissant son seuil, on découvre une vieille pierre tombale de marbre rouge veiné dans laquelle sont gravés le blason des Arcimboldi et d'anciennes inscriptions; de même il affirme avoir vu dans le vaste cimetière de la cathédrale de Ratisbonne un grand tombeau très ancien portant gravés dans la pierre le blason et le chiffre des Arcimboldi; et nombreux sont, dit-il, ceux qui répondent, dans maintes villes d'Allemagne, au nom d'Arcimboldi.»[1] Voilà pour la chronique relatée par Morigia. Arcimboldo s'est effectivement rendu à Kempten pour le compte de l'empereur Rodolphe II. A cette occasion il a pu faire halte à Augsbourg et à Ratisbonne.

Dans son ouvrage «Nobilità di Milano», le père Morigia retrace avec un grand luxe de détails l'histoire de la noble famille Arcimboldo. Nous y apprenons qu'après son veuvage, le trisaïeul de Giuseppe, Guido Antonio Arcimboldo, fut nommé archevêque de Milan en 1489, et succéda ainsi à son frère défunt Giovanni. Le fils de Guido Antonio, Filippo, engendra Pace qui eut un fils naturel, Biagio, le père l'artiste. Revenons au frère de Guido Antonio, Giovanni, décédé en 1489. C'était le grand-

L'Automne, 1573
Huile sur toile, 76 × 64 cm
Musée national du Louvre, Paris

Les commentaires concernant **Le Printemps et L'Eté**, peints cette même année 1573, s'appliquent aussi à cette toile. La tête d'un rude gaillard un peu fruste, composée des fruits de l'automne, émerge d'un vieux tonneau éclaté maintenu tant bien que mal par un jonc. Une poire juteuse forme son gros nez, une pomme mûre sa joue rebondie, une grenade figure le menton et un grand champignon, peut-être une russule, lui tient lieu d'oreille. Une figue blette que la maturité fait éclater donne un pendant d'oreille adéquat. La tête couronnée de grappes de raisin noir et blanc et de pampres, surmontée d'une grosse citrouille n'est pas sans rappeler d'anciennes représentations du dieu Bacchus. Les fruits rebondis suggèrent la fécondité de l'automne et la langue pointue du bonhomme paraît déjà à travers les lèvres épineuses, anticipant des plaisirs exquis.

père de Gianangelo Arcimboldo, né en 1487, qui fut de 1550 jusqu'à sa mort en 1555 archevêque de Milan. Ce grand-oncle a certainement joué un rôle dans la formation intellectuelle du jeune Giuseppe. Il put le mettre en contact avec des artistes, des savants, des hommes de lettres et de grands humanistes qui fréquentaient sa maison et a peut-être par là indirectement semé le germe de «l'extravagance» qui devait représenter un tournant dans l'art d'Arcimboldo. De plus, Giuseppe entretenait probablement des relations avec les artistes allemands qui travaillaient à la cathédrale de Milan ou créaient des tapisseries pour les Médicis. Ceci mis à part, on connaît peu de choses sur la formation du jeune Giuseppe. Mais considérant le degré de célébrité et d'érudition auquel il parvint, on peut supposer que les fondements en furent jetés dès sa jeunesse. L'historien de l'art Benno Geiger relève un rapport plus précoce encore avec l'art et la littérature. Le père de Giuseppe était très lié avec le peintre Bernardino Luini, un élève de Léonard de Vinci. Pourtant Giuseppe n'a pu fréquenter directement ni Léonard de Vinci qui quitta Milan en 1516 pour la France où il s'éteignit en 1519, ni Bernardino Luini puisque celui-ci mourut en 1532 alors qu'Arcimboldo n'avait que cinq ans. Malgré tout, une certaine relation avec Léonard de Vinci s'établit par le truchement de Luini. En quittant Milan, Léonard lui avait remis ses carnets de notes et de dessins et Giuseppe en prit connaissance grâce au fils de Luini. On imagine aisément la très forte impression que produisirent sur le jeune artiste les travaux du grand maître.

La fuite du duc de Milan Ludovic Sforza, dit le More, et l'épidémie de peste qui sévit au début du 16ᵉ siècle entraînèrent le déclin de Milan comme centre de rayonnement artistique. Toutefois, les échanges avec d'autres villes et des artistes de toute l'Italie, d'Allemagne, des Pays-Bas et de France subsistèrent. Il est permis de penser qu'Arcimboldo fréquentait des peintres, mais aussi des philosophes et des savants de l'époque.

En 1549, Arcimboldo, alors âgé de 22 ans, apparaît pour la première fois en tant que peintre. Les actes de la Fabrique du Dôme font état d'honoraires qui lui furent versés pour plusieurs cartons de vitraux qu'il réalisa aux côtés de son père. En 1551, Arcimboldo peignit cinq blasons pour Ferdinand de Bohème, le futur empereur Ferdinand Iᵉʳ, de passage à Milan à qui on avait probablement signalé le jeune Arcimboldo. Ou bien faut-il déduire de cette commande que l'artiste jouissait déjà d'une renommée plus grande que nous ne le pensons? Cette supposition mérite quelque crédit, à en juger par ce qu'écrit Paolo Morigia sur la réputation d'Arcimboldo au moment de son départ pour Prague en 1562: «Celui-ci (Arcimboldo) est un peintre d'un rare talent qui excelle aussi dans bien d'autres domaines. Arcimboldo ayant prouvé sa valeur aussi bien en peinture que dans diverses fantaisies, dans son pays natal

L'Hiver, 1573
Huile sur toile, 76 × 64 cm
Musée national du Louvre, Paris

Cette toile intitulée **L'Hiver** clôt la série des Saisons peinte en 1573. Bien que **L'Eté** soit le seul tableau authentifié par la signature d'Arcimboldo, la paternité de l'artiste ne fait aucun doute pour les trois autres tableaux du fait de leurs nombreuses similitudes. Une vieille souche presque morte dont l'écorce crevassée se détache en bien des endroits représente l'hiver. On y reconnaît aisément un pitoyable vieillard au nez pelé dont la bouche édentée et boursouflée est un champignon placé de travers au-dessus du menton en galoche. Son visage hérissé de touffes de poils semble couvert de cicatrices et de croûtes. Son oeil est enfoui dans une fente de l'écorce et son oreille est une branche cassée. Une épaisse natte de vannerie protège le vieillard du froid. Arcimboldo ne considère pas l'hiver uniquement comme la saison des froids; son tableau exprime également un réconfort. Une orange et un citron accrochés à une branche cassée apportent avec leur éclat doré une lueur de soleil et de chaleur dans cette désolation, et le feuillage du lierre qui pousse sur la nuque du vieillard pour former dans les branches entrelacées une sorte de couronne, affermit l'espoir que l'hiver ne durera pas éternellement. Sur la natte qui sert de manteau au personnage, on distingue un blason. Arcimboldo, qui a peint plusieurs fois les Saisons sur commande de l'empereur, faisait ainsi parfois allusion au destinataire final du tableau.

comme à l'étranger, il recueillit de si hautes louanges que sa renommée s'étendit au-delà des frontières pour atteindre la cour impériale germanique.»[2]

A partir de 1551, Giuseppe n'apparaît plus que seul dans les annales. La mort de son père date probablement de cette époque. Jusqu'en 1588, on trouve régulièrement mention de travaux exécutés pour l'ornementation de la cathédrale. De tous ces travaux, seuls les cartons de vitraux pour les 48 fragments de l'histoire de sainte Catherine d'Alexandrie ont été préservés et authentifiés. Ils sont l'unique témoignage du travail réalisé par les deux Arcimboldo pour la cathédrale de Milan. D'après Geiger, «l'histoire de sainte Catherine dont la représentation fut commencée par les deux peintres et achevée par le fils s'inscrit tout à fait dans le cadre de la peinture hagiographique de l'époque et laisse transparaître, comme le confirment d'autres sujets de ces vitraux, l'influence prédominante de Gaudenzio Ferrari»[3]. On trouvera peut-être dans les huit fragments de vitraux, dont deux sont reproduits dans ce livre, des éléments que l'on pourrait qualifier «d'arcimboldesques» comme le suggère Geiger. Il n'est pas exclu que plusieurs des vitraux n'ayant pas été authentifiés soient d'Arcimboldo car le nombre de cartons pour lesquels il fut rétribué est bien supérieur au nombre de vitraux représentant la vie de sainte Catherine. Selon Geiger, ces vitraux préludent plus nettement au style développé plus tard par Arcimboldo.

En 1559, Arcimboldo est cité pour la dernière fois dans les actes de la Fabrique du Dôme de Milan. L'explication nous est fournie par une note du livre de comptes de la cathédrale de Côme:

1558: lires 159,19 à maître Giuseppe Arcimboldo, peintre de Milan, pour l'esquisse et le carton du «celone» (tapisserie) comme mentionné dans le livre des dépenses pour l'année.

Cette première tapisserie a donc été indubitablement dessinée par Arcimboldo et il n'y a aucune raison de douter de sa paternité pour sept autres tapisseries. Elles ont toutes les mêmes dimensions et les mêmes coloris. Leur comparaison en fait ressortir les similitudes. «Ces riches bordures foisonnant de fruits et de fleurs, de bouquets et de guirlandes entre des anges et des chérubins, ces volutes en cartouche dont les garnitures ne laissent nul vide» montrent qu'un seul et même artiste était à l'œuvre. Plus encore que les vitraux, elles préfigurent le style futur d'Arcimboldo. Le «foisonnement» des «bordures surchargées» et la représentation des scènes sont bien «arcimboldesques». Geiger n'exclut pas l'influence des deux Flamands Johannes et Ludwig Karcher chargés d'exécuter les tapisseries d'après les cartons d'Arcimboldo ni une «reviviscence» de l'héritage alémanique»[4] chez l'artiste.

En 1562, sur les demandes réitérées de l'empereur Ferdinand Ier, Arcimboldo se rend à Prague. Les recherches

L'Hiver et **Le Printemps,** 1573
Huile sur toile, 76 × 64 cm
Musée national du Louvre, Paris

La disposition des «Saisons» obéit à une symétrie symbolique. Les têtes se font face deux par deux, suggérant une relation privilégiée unissant les saisons.

d'archives menées par Benno Geiger confirment la grande renommée dont jouissait Arcimboldo au moment où l'empereur le fit venir comme portraitiste de la cour.

Pour évoquer les relations qui s'établirent entre Arcimboldo et Ferdinand Ier puis ses deux successeurs, Maximilien II et Rodolphe II qu'il servit également, citons encore Morigia. Il écrit dans son «Historia dell'Antichità di Milano» parue en 1592: «En 1562, il (Arcimboldo) quitta sa patrie et se rendit à la cour de l'empereur qui l'accueillit avec tous les honneurs, le traita avec beaucoup d'affection et lui accorda une fort honorable pension. Ainsi vécut notre Arcimboldo à la cour impérale, éminemment apprécié de l'empereur et de la cour toute entière. Il exerça ses talents aussi bien dans la peinture que dans d'autres inventions pour les tournois, les accessoires de cortèges, les jeux, les couronnements et les mariages, en particulier celui de l'archiduc Charles d'Autriche. Cette âme noble faisait preuve pour ces fêtes d'un esprit si inventif qu'elle suscitait par ses trouvailles ingénieuses et gracieuses l'admiration de tous les grands princes présents et la satisfaction de son souverain et protecteur (Ferdinand). J'ajouterai que lorsque Maximilien succéda à son père sur le trône impérial, Arcimboldo continua à voir l'empereur à toute heure du jour et de la nuit, au même titre que ses favoris; toute la cour d'Autriche se plaisait à le

L'Eté et **L'Automne,** 1573
Huile sur toile, 76 × 64 cm
Musée national du Louvre, Paris

fréquenter et l'aimait pour ses talents et l'élévation de sons âme. A la mort de Maximilien, son fils Rodolphe lui succéda sur le trône et témoigna à Arcimboldo tout autant d'amitié et de faveurs que son père. Ce noble et vertueux Giuseppe ayant servi ces deux grands princes et toute la maison d'Autriche durant vingt-six ans et ayant au cours des dernières années exprimé à plusieurs reprises le désir de terminer ses jours en Italie, cette faveur lui fut finalement accordée à contrecœur par sa Majesté Impériale qui répugnait fort à se priver de sa présence.»[5]

A partir de 1562, il est plus aisé de reconstituer avec précision la vie de Giuseppe Arcimboldo, notamment grâce aux mentions qui le concernent dans les «Archives pour l'étude des sources historiques autrichiennes» et dans les «documents et chroniques des Annales de la Très Haute Maison Impériale».

Durant les deux années qu'il passa au service de Ferdinand Ier, Arcimboldo peignit, outre plusieurs portraits de la famille impériale, la première série des quatre Saisons. Deux de ces tableaux, «L'Eté» et «L'Hiver» se trouvent aujourd'hui au Kunsthistorisches Museum de Vienne. «Le Printemps» est exposé à la Real Academia de Bellas Artes de San Fernando à Madrid. Quant à «L'Automne», il a disparu.

Dans ce qu'elle avait d'unique, la conception picturale des tableaux de 1563 assit la renommée d'Arcimboldo en tant que

L'Air, non daté
Huile sur toile, 74,5 × 56 cm
Collection privée, Bâle

Comme les saisons et les autres éléments, l'air est représenté sous l'aspect d'un profil humain. Une multitude d'oiseaux dont on ne voit pour la plupart que la tête est combinée dans ce tableau pour représenter l'air. S'il n'est pas possible d'identifier la plupart des oiseaux, certains sont immédiatement reconnaissables. Ainsi l'oie peinte de profil qui, avec la queue du coq, forme l'oreille du personnage, ou le dindon dont le jabot enflé constitute le nez. On discerne également, à demi dissimulé sous l'aile du coq, un faisan dont les longues plumes ornent le menton d'une barbiche taillée en pointe.
Le petit oiseau dont l'œil est en même temps la pupille du personnage est bien mystérieux, alors que l'on reconnaît le bec ouvert d'un canard formant les paupières.
Les allusions aux souverains habsbourgeois sont particulièrement évidentes dans les tableaux représentant les éléments naturels. Ce tableau-ci montre par exemple le paon et l'aigle, deux symboles des Habsbourg.

peintre et suscita l'engouement des souverains et de ses comtemporains, comme l'attestent des documents de l'époque. Nous ignorons les circonstances de cette brusque mutation. Comme nous l'avons évoqué plus haut, Geiger en distingue les signes précurseurs dans des œuvres antérieures. Les tableaux de Bosch, Brueghel, Cranach, Grien et Altdorfer qu'Arcimboldo put contempler durant son séjour à la cour impériale donnèrent certainement à cette orientation une impulsion supplémentaire.

En 1564, à la mort de Ferdinand Ier auquel succéda Maximilien II, Arcimboldo demeura le portraitiste de la cour et continua à percevoir vingt florins par mois. En des circonstances particulières, l'empereur lui versait une gratification supplémentaire, par exemple lorsqu'un tableau lui avait particulièrement plu. De même, à l'occasion d'un séjour que fit Arcimboldo en Italie en 1566, l'empereur lui remit 100 florins pour le voyage.

Au cours de ces douze années, de 1564 à 1576, Arcimboldo a certainement réalisé de nombreux tableaux mais nous n'en connaissons qu'un petit nombre. Il est avéré qu'Arcimboldo peignit les quatre Eléments en 1566. Deux de ces tableaux, «L'Eau» et «Le Feu», se trouvent aujourd'hui au Kunsthistorisches Museum de Vienne. Des études permettent d'affirmer qu'Arcimboldo a en outre peint les tableaux suivants sous le règne de Maximilien II: «Le Juriste« en 1566, une série des Saisons plus un «Automne» et un «Hiver» en 1572, deux séries des Saisons en 1573 et «Le Cuisinier» ainsi que «Le Caviste» en 1574. Ces deux derniers tableaux ont disparu.

En plus de son activité de peintre, Arcimboldo remplissait d'autres tâches à la cour impériale. Doué de multiples talents, il seconda l'empereur dans bien des domaines comme architecte, dessinateur de décors de théâtre, ingénieur, inventeur de jeux d'eau et conseiller en matière d'art. Ses vastes connaissances lui valurent d'exercer une grande influence sur Maximilien II. Lomazzo raconte que Maximilien accordait une telle importance au jugement d'Arcimboldo qu'il lui demandait son avis sur tout et adaptait ses propres goûts à ceux d'Arcimboldo. Avec l'aide de l'artiste, il enrichit les cabinets d'art et de curiosités et jeta les bases d'un musée. Il en résulta les célèbres cabinets d'art et de merveilles de Rodolphe II dont il sera encore question plus loin.

Les souverains de la Renaissance avaient coutume d'organiser des tournois et des fêtes. Dans toutes les cours d'Europe, chaque occasion donnait lieu à de fastueuses réjouissances auxquelles se devaient d'assister les membres de l'aristocratie et de la haute société, les hauts dignitaires, les savants et les artistes. Le souverain était au centre de la fête. Il en était le héros, y apparaissant en vainqueur. Tournois et cortèges faisaient partie du spectacle: le héros sorti victorieux du tournoi revenait comme vainqueur dans le défilé triomphal. Les personnages représentés étaient empruntés à l'histoire ou à

Le Feu, 1566
Huile sur bois, 66,5 × 51 cm
Kunsthistorisches Museum, Vienne

Le tableau porte la signature de l'artiste sur le fût du canon «Josephus Arcimboldus Menensis.F.». La date en le titre sont indiqués au verso de l'œuvre «1566 Ignis».
Dans son allégorie, Arcimboldo fait intervenir diverses formes du feu, depuis la petite flamme de la lampe à huile ou de la bougie jusqu'à la formidable puissance des canons. En frappant le briquet qui figure le nez et l'oreille du personnage et la pierre à feu qui orne la chaîne de la Toison d'or, on fait jaillir la flamme. Cette flamme allume la petite lampe à huile (le menton du personnage), les allumettes (la moustache) et la mèche d'amadou (le front ridé du personnage) qui embrase le fagot de bois dont les flammes ceignent la tête comme une couronne.
Dans ce tableau, Arcimboldo a accumulé les références aux Habsbourg avec une densité que l'on ne retrouve pratiquement dans aucune autre œuvre. L'ordre de la Toison d'or dont la chaîne entoure le cou de la figure est l'un des ordres les plus importants de l'époque. Il fut créé en 1429 par le duc Philippe de Bourgogne le jour de son mariage et parvint, comme bien d'autres choses encore, par le jeu des mariages, dans la maison de Habsbourg. La référence aux Habsbourg est encore plus éclatante avec l'aigle bicéphale du Saint-Empire romain germanique dont le trône était occupé, à l'époque d'Arcimboldo, par les Habsbourg. Les canons et les pistolets sont eux-aussi une allusion. On peut y voir en effet le symbole de la puissance militaire considérable déployée par les Habsbourg au moment des guerres contre les Turcs.

la mythologie antiques. Des allusions aux circonstances politiques du moment y étaient délibérément inclues pour démontrer la grandeur du souverain et renforcer son pouvoir politique. Un monde artificiellement heureux était ainsi présenté au peuple ébloui par le spectacle grandiose pour le détourner de sa propre misère.

Arcimboldo devint un grand ordonnateur de ces fêtes, son talent inépuisable inventait de nouveaux costumes, des divertissements inédits, des personnages originaux et des masques grotesques. Il fit ainsi défiler des chevaux figurant des dragons et un véritable éléphant.

D'après Andreas Beyer, l'importance des tournois et des fêtes alla croissante au 16e siècle sous l'influence du courant humaniste. «Florence, foyer de la renaissance philosophique, devint le théâtre principal des festivités.»[6] Pour les Habsbourg qui régnaient sur une mosaïque de peuples différents, les fêtes revêtirent une signification particulière en consacrant la légitimité de leur pouvoir. Les tournois regroupaient trois disciplines: dans la «joute» les chevaliers à cheval, séparés par une palissade, s'affrontaient à coups de lance. Dans le «tournoi franc», ils s'attaquaient en «mêlée» et dans le «combat à pied», ils combattaient avec différentes armes, séparés par une palissade. Ces trois disciplines tirent leur origine des formes de combat qui, au moyen-âge, faisaient partie de l'entraînement des troupes impériales. Les chevaliers étant de plus en plus absents des champs de bataille, les tournois tournèrent peu à peu en spectacle destiné à faire illusion auprès des souverains et de leurs hôtes pour dissimuler les difficultés politiques de la maison de Habsbourg.

Sous le règne de Maximilien II eurent lieu plusieurs de ces tournois et fêtes, mais le concours d'Arcimboldo à leur préparation n'est attesté que pour les festivités organisées en 1571 à l'occasion du mariage de Rodolphe et en 1572 pour son couronnement comme roi de Hongrie. Arcimboldo exécuta encore plusieurs tableaux pour Maximilien II jusqu'à la mort de celui-ci en 1576.

Dans les «Annales de la Très Haute Maison Impériale», on peut lire à la date du 28 juillet 1574: *Joseph Arcimboldo portraitiste et peintre maj. imp. rom. est gratifié de 65 florins rhénans pour quelques tableaux et travaux exécutés sur l'ordre de l'empereur Maximilien II pour le prince-électeur de Saxe.* Force est de considérer la plupart de ces tableaux comme perdus. En 1575, Arcimboldo peignit plusieurs tableaux pour les appartements privés de l'empereur et reçut pour cela une rémunération supplémentaire de 54 thalers. Cette même année, Maximilien légitima Benedikt, le fils naturel d'Arcimboldo. Enfin «par la grâce de l'empereur» Arcimboldo obtint un dernier versement de 200 florins en 1576. On ne connaît pas d'autres travaux.

Comme ses deux prédécesseurs, l'empereur Rodolphe II

La Terre, vers 1570
Huile sur bois, 70,2 × 48,7 cm
Collection privée, Vienne

Benno Geiger a interprété ce tableau comme la représentation du chasseur. Il est aujourd'hui considéré comme l'allégorie de **la Terre.** Dans son ouvrage «Il Figino», Comanini en donne une description particulièrement vivante: «Le front comprend les animaux que voici: une gazelle indienne, une daine, un léopard, un chien, un daim, un cerf et la grande bête. Le bouquetin, un animal qui naît dans les montagnes du Tyrol, est placé sur la nuque, en compagnie du rhinocéros, du mulet, du singe, de l'ours et du sanglier. Sur le front, il y a le chameau, le lion et le cheval. Et il est admirable que les animaux qui portent des bois forment autour du front, avec leurs défenses, comme une couronne royale, chose qui est d'une invention extrêmement gracieuse et garnit bellement la tête. La partie droite de la joue (car la bête est un profil) est formée par l'éléphant dont l'oreille donne la proportion de l'oreille de toute la bête. Sous l'éléphant, un âne représente la mâchoire. Pour la partie antérieure de cette joue, il a mis un loup, lequel en ouvrant la bouche attrape un rat: la bouche ouverte fait l'œil, le rat fait le rehaut de l'œil et la queue et la cuisse du rat font une touffe de barbe ou une moustache sur la lèvre. Sur le front, sous les animaux énumérés, se tient le renard dont la queue retournée forme le sourcil. Le lièvre installé sur le dos du loup forme le nez; et une tête de chat fait la lèvre supérieure. Un tigre enroulé de la gueule à la trompe de l'éléphant est situé en guise de menton, et la trompe qui s'incurve fait la lèvre inférieure. Dans l'ouverture de la bouche, on voit un lézard. Un bœuf étendu forme l'arrondi de la gorge et un chevreuil la complète.»

garda Arcimboldo à son service. Les onze années que l'artiste passa auprès de Rodolphe II marquent probablement l'apogée de son existence car l'empereur le tenait en haute estime et lui accorda maints honneurs. Le double intérêt pour l'irrationnel et le savoir scientifique qui animait la cour de Rodolphe et l'univers iconographique d'Arcimboldo entrèrent en singulière symbiose.

Rodolphe II était un être étrange. Faible, dépressif, introverti, il s'efforçait d'esquiver les difficultés. Il n'était pas de caractère belliqueux et cherchait à établir un équilibre entre les confessions qui s'affrontaient alors. Amateur d'art, il avait un faible pour les arts plastiques et la peinture mais s'intéressait aussi à toutes les branches de la science. Il attira à sa cour de nombreux savants, dont Tycho Brahé et Kepler. Des astrologues y étudiaient la course des étoiles, des alchimistes cherchaient à fabriquer de l'or, d'autres savants encore voulaient réaliser la quadrature du cercle ou le mouvement perpétuel. Le musée de Rodolphe II contenait des œuvres de grands peintres; des artistes de l'Europe entière travaillaient pour l'empereur. Sous son règne, Prague devint une grande métropole culturelle européenne.

Cependant, le plus grand intérêt de Rodolphe II allait à ses cabinets d'art et de merveilles. On y trouvait tout ce qui à l'époque était exotique, les objets et les animaux les plus extraordinaires. Benno Geiger en énumère quelques-uns dans le livre qu'il a consacré à Arcimboldo: des oiseaux naturalisés (en provenance de toutes les parties du monde alors connues), d'énormes coquillages, des poissons-scies et des espadons, des minéraux précieux, des monstres inclus dans le verre, des momies, de nombreux objets rapportés par des voyageurs de retour d'Amérique, des objets précieux d'Inde et un parc zoologique peuplé d'animaux exotiques. L'empereur avait partout ses agents chargés de découvrir des pièces rares. Nous savons de deux sources qu'Arcimboldo fit un voyage à Kempten où il acquit des objets d'art, des oiseaux et des animaux exotiques.

Les cabinets d'art et de merveilles existaient depuis déjà longtemps. Maximilien II et Rodolphe II n'ont cessé de les enrichir. Ils constituèrent pour la peinture d'Arcimboldo une fructueuse source d'inspiration et d'observation. Il y trouvait les animaux qu'il étudiait dans leurs détails, mais aussi des plantes car Rodolphe II était un grand amateur de l'art des parcs.

De l'activité artistique développée par Giuseppe Arcimboldo à la cour impériale nous savons seulement qu'il peignit deux fois les quatre Saisons en 1577 et qu'en 1585, il dédia à l'empereur un portefeuille de maroquin rouge contenant environ 150 dessins à la plume et organisa cette même année quelques cortèges et tournois. Après 1585, nous n'avons plus connaissance d'autres tableaux datant de son séjour à la cour de Prague.

L'Eau, 1566
Huile sur bois, 66,5 × 50,5 cm
Kunsthistorisches Museum, Vienne
Titre au verso: Aqua

Il est impossible d'énumérer tous les animaux aquatiques qui composent la tête figurant l'eau. L'énorme crabe (ornement pectoral), la tortue et un grand coquillage (épaulette) sur lequel s'est fixée une pieuvre forment une manière de carapace sur le torse du personnage. Le cou ceint d'un collier de perles le relie à la tête dont la joue est formée par une raie. Une perle à la forme baroque orne l'oreille qui est un coquillage, une squille tient lieu de sourcils et la bouche est figurée par un requin ouvrant une large gueule plantée de dents redoutables. L'ensemble est coiffé d'une sorte de couronne. On y reconnaît, à leur jet d'eau, une ou deux baleines, un morse, un jeune phoque, un hippocampe et, bien dissimulés, les bras d'une étoile de mer. L'impression qu'il s'agit probablement d'une couronne est renforcée par les longues nageoires dorsales épineuses d'un poisson et par un élément près de jets d'eau qui n'est pas sans rappeler un diadème.
Comme dans les autres tableaux, les animaux sont représentés avec une grande fidélité, mais sans souci de leur taille véritable. L'impression de désordre et de grouillement n'est que fugitive, l'observateur perçoit rapidement l'harmonie qui unit ces animaux si différents les uns des autres et souvent ennemis. La concorde qui règne entre eux est flagrante. La couronne suggérée, l'harmonie unissant les animaux et le collier de perles sont un hommage rendu par Arcimboldo à l'empereur Maximilien. Dans de nombreux tableaux, Arcimboldo fait régner le souverain sur les éléments et les saisons. Ils doivent à sa bienveillante domination de vivre, comme les hommes, en paix et en harmonie.

Les documents de l'époque nous apprennent que Rodolphe II confirma en 1580 la noblesse de la famille Arcimboldo et lui octroya un enrichissement de son blason.

En 1587, après 11 ans passés au service de Rodolphe II, l'artiste fut autorisé, après maintes requêtes, à retourner définitivement à Milan, non sans avoir reçu 1500 florins rhénans en récompense de ses «longs, fidèles et zélés» services. Arcimboldo retourna dans son pays cette même année. Une fois rentré à Milan, il tint la promesse faite à l'empereur de continuer à travailler pour lui. C'est ainsi qu'Arcimboldo peignit en 1591 deux de ses tableaux les plus célèbres, «Flora» et le «Vertumne» et les expédia à Prague. Il existe deux versions de «Flora» dont la première a probablement disparu, mais la seconde, de l'avis de Mandiargues, ne lui cède en rien pour la qualité de son exécution. Rodolphe II dut être particulièrement enchanté de ces tableaux puisqu'il conféra en 1592 à l'artiste le titre de comte palatin.

Un an plus tard, le 11 juillet 1593, Giuseppe Arcimboldo s'éteignit à Milan.

L'Air, non daté
Huile sur toile, 74,5 × 56 cm
Collection privée, Bâle

La disposition des «Saisons» obéit à une symétrie symbolique rendue sensible par le vis-à-vis des profils gauches et droits suggérant l'existence d'un lien particulier entre les saisons ainsi appariées. Nombreuses sont les références allégoriques ou symboliques qu'Arcimboldo a introduites dans ses tableaux et leurs combinaisons. Les combinaisons des tableaux représentant les éléments et les saisons que nous reproduisons ici ont déjà en commun d'être au nombre de quatre. D'autres rapports nous sont révélés dans le poème de Fonteo. D'après lui, les éléments et les saisons sont reliés par des propriétés ou des couples de propriétés, chaleur/froid, humidité/sécheresse, qui se conjugent de quatre manières différentes, comme le montre l'explication des correspondances: «L'été est chaud et sec comme le feu, l'hiver est froid et humide comme l'eau, l'air et le printemps sont tous deux chauds et humides,

L'Eté, 1573
Huile sur toile, 76 × 64 cm
Musée national du Louvre, Paris

Le Printemps, 1573
Huile sur toile, 76 × 64 cm
Musée national du Louvre, Paris

et l'automne et la terre sont froids et secs». Ces combinaisons de propriétés à elles seules n'épuisent pas, aux yeux de Fonteo, tous les niveaux de comparaison pouvant exister entre les éléments et les saisons. Ses explications reposent sur l'univers des dieux de l'antiquité et sur la conception qu'avaient de la nature les hommes de la Renaissance: Proserpine, la déesse de l'hiver, est liée à Neptune, dieu de l'eau, d'où il ressort que l'hiver et l'eau sont liés.

L'air du printemps fait resplendir les fleurs épanouies. L'été et le feu se partagent le même astre, le soleil; la terre et l'automne ont la lune comme astre commun. La disposition des profils se faisant face – l'air et le printemps, l'été et le feu, la terre et l'automne, l'hiver et l'eau – permet de comprendre les dialogues entre les éléments et les saisons. Fonteo voit dans ces conversations un hommage à l'empereur habsbourgeois.

Le Feu, 1566
Huile sur bois, 66,5 × 51 cm
Kunsthistorisches Museum, Vienne

La Terre, vers 1570
Huile sur bois, 70,2 × 48,7 cm
Collection privée, Vienne

Arcimboldo a souvent exécuté plusieurs exemplaires des Saisons et des Eléments sur la demande de l'empereur. Ceci rend tout à fait plausible l'interprétation de Fonteo allant dans le sens d'un hommage au souverain. Il paraît évident que les Habsbourg ont su tirer un habile parti de l'engouement suscité par les tableaux d'Arcimboldo qu'ils offraient à des parents et à de hauts dignitaires dans l'intention, secondaire ou prédominante, de les gagner à la politique habsbourgeoise. Ces dons étaient l'occasion de renforcer d'anciennes alliances et d'en tisser de nouvelles – il est permis de penser que ce ne fut pas toujours pour la plus grande joie des destinataires. La création artistique d'Arcimboldo fut-elle affectée par ces aspects sociologiques de son «utilisation»? Il n'est guère possible de le dire. Les tableaux d'Arcimboldo sont surtout interprétés dans le contexte culturel de l'époque, mais cette

L'Hiver, 1573
Huile sur toile, 76 × 64 cm
Musée national du Louvre, Paris

L'Automne, 1573
Huile sur toile, 76 × 64 cm
Musée national du Louvre, Paris

interprétation donne lieu à un débat où s'opposent des thèses, des approches et des opinions divergentes. L'environnement culturel immédiat de l'artiste à la cour des Habsbourg est remarquable. En plus des pièces rares et des collections de toutes sortes, les cabinets d'art et de merveilles recelaient de nombreux animaux naturalisés – objets d'études des sciences naturelles qui ne connaissaient pas encore de classification systématique – qui

ont pu agir sur la peinture d'Arcimboldo. La société savante de la cour était encore mêlée d'alchimistes et de mages, ce qui laisse penser qu'au 16ᵉ siècle, les frontières entre les arts et les sciences n'étaient pas encore figées comme elles le sont de nos jours. Des artistes ouverts aux sciences naturelles et versés dans la technique n'étaient pas rares, comme en témoigne l'exemple d'Arcimboldo et de Léonard de Vinci.

L'Eau, 1566
Huile sur bois, 66,5 × 50,5 cm
Kunsthistorisches Museum, Vienne

L'univers pictural d'Arcimboldo

Célèbre de son vivant, Arcimboldo tomba rapidement dans l'oubli après sa mort. Aux 17e et 18e siècles, il est pratiquement ignoré. Il ne sera à nouveau question de lui qu'en 1885 dans l'ouvrage de Carlo Casati «Giuseppe Arcimboldo, pittore milanese» qui évoque surtout son activité de portraitiste. Les artistes ne le découvrirent que plus tard. Les surréalistes, en particulier, virent en lui un précurseur de leur mouvement.

REPRODUCTION PAGE 29:
Le Bibliothécaire, vers 1566
Huile sur toile, 97 × 71 cm
Skoklosters Slott, Suède

Benno Geiger voit dans **Le Bibliothécaire** le «triomphe de l'abstraction au 16e siècle». Il ne connaît rien «de plus spirituel ni de plus proche du présent que cette peinture raffinée». Certes, elle est raffinée, mais dans le sens de l'idée intérieure d'une image; les objets sont peints dans l'esprit classique, imitatif et c'est l'intellect qui en fait un bibliothécaire. Hocke pour qui Arcimboldo est l'un des précurseurs les plus marquants de l'art moderne, considère ses tableaux comme des transpositions élémentaires, d'un symbolisme transparent. Ils sont pourtant «dans leur exécution aussi spirituels qu'élégants, surtout le rideau qui entoure si tendrement l'épaule gauche de cet homme décharné et frissonnant de froid».[23]

REPRODUCTION CI-CONTRE:
Le Printemps, 1572
Huile sur toile, 76,6 x 57 cm
Collection privée, Berlin

Ce **Printemps** appartient à la deuxième des quatre séries reproduites dans ce livre. Deux de ces séries sont complètes, dans les deux autres, il manque **L'Automne**. En comparant les différentes versions du même sujet, nous constatons que les répliques d'Arcimboldo étaient souvent très proches mais jamais totalement identiques. Il conservait la composition de l'ensemble mais variait les coloris, avec une prédilection pour les arrière-plans sombres. Il modifiait la taille et la couleur de certains volumes. Comme pour une œuvre musicale, on peut parler de variations sur un thème.

Dans son livre «Labyrinthe de l'art fantastique», Gustav René Hocke évoque à titre d'exemples certains tableaux de Salvador Dali et de Max Ernst qui offrent avec l'art d'Arcimboldo une ressemblance frappante mais assez formelle. Dans la première moitié du 20e siècle, quelques articles furent consacrés à Arcimboldo puis, dans la seconde moitié de ce siècle, plusieurs analyses approfondies. En 1954, Benno Geiger publia un ouvrage très fouillé intitulé «I dipinti ghiribizzosi di Giuseppe Arcimboldi». La même année parut «Arcimboldo et les Arcimboldesques» sous la plume de Francine-Claire Legrand et Félix Sluys. En 1977, Pieyre de Mandiargues publia un texte littéraire intitulé «Arcimboldo le merveilleux». 1978 vit la parution d'une thèse de Thomas DaCosta Kaufmann «Variations on the Imperial Theme in the Age of Maximilian II and Rudolf II». En 1980 parut «Arcimboldo» avec un essai de Roland Barthes, et en 1983 le livre d'Andreas Beyer «Giuseppe Arcimboldo. Figurinen.». Arcimboldo a suscité d'autres publications, mais nous n'en tiendrons pas compte dans ce livre. L'intérêt croissant porté à cet artiste est attesté par des expositions consacrées à ses œuvres, sans parler des prix qu'atteignent ses tableaux.

Nous ignorons les raisons pour lesquelles l'œuvre d'Arcimboldo connut après sa mort une certaine désaffection. Peut-être fut-il mal compris de la génération suivante qui ne vit en lui que le facétieux auteur de tableaux bizarres, extravagants, étranges, dont nous ne connaissons aujourd'hui que peu d'originaux. En plus de ces œuvres fantastiques, Arcimboldo peignit probablement un assez grand nombre de tableaux dans le style traditionnel, mais ils sont pour la plupart perdus. A ma connaissance, seuls deux autoportraits, dont l'un à la plume, les vitraux de la cathédrale de Milan et les tapisseries de la cathédrale de Côme purent être jusqu'à présent authentifiés. Les vitraux et les tapisseries furent «célèbres en leur temps», et étaient considérés comme des créations «qui font date dans l'histoire de l'art».

Les publications modernes s'attachent surtout à interpréter les tableaux extravagants, pour reprendre le qualificatif de Geiger. Ce sont eux qui soulevèrent l'admiration des contemporains d'Arcimboldo et qui recueillent aujourd'hui l'attention des critiques et des historiens de l'art. Ceci n'est pas pour surprendre car ces tableaux sont uniques en leur genre. Il en existe d'innombrables répliques et imitations mais jamais Arcimboldo ne fut égalé. L'artiste lui-même réalisa, à la demande des empereurs, plusieurs séries des Saisons et des Eléments. Les Habsbourg surent profiter habilement de l'engouement de leurs contemporains pour ces tableaux: ils les offraient à des parents ou à de hauts dignitaires pour leur faire plaisir mais aussi pour les rallier à leur politique.

En quoi ces tableaux sont-ils uniques? Arcimboldo peint une tête de profil composée de mille fleurs: «Le Printemps»,

L'Eté, 1572
Huile sur toile, 74,7 x 56,5 cm
Collection privée, Berlin

une tête qui n'est que fruits de toutes sortes: «L'Eté». Il réunit dans un apparent désordre toute la faune marine et intitule cette toile «L'Eau». Il compose une tête à partir d'au moins 40 animaux: c'est «La Terre». Un buste fait de livres représente un bibliothécaire. Arcimboldo a réalisé encore bien d'autres compositions que je n'énumérerai pas ici. Les éléments qui composent les tableaux, qu'il s'agisse de fleurs, de poissons ou d'animaux, sont rendus avec une grande minutie du trait et un sens aigu des coloris. Mais Arcimboldo a peint des tableaux plus déroutants encore. Ainsi cette toile où l'on reconnaît une jatte remplie de différents légumes. Si on le retourne, ce tableau nous révèle un «Jardinier».

Chercher ce que les tableaux ont d'unique, c'est chercher à les comprendre, à percer le climat culturel et la pensée philosophique dont était imprégné l'artiste. Les spécialistes cités plus haut ne présentent pas dans leurs ouvrages un point de vue unanime. Je soumettrai donc au lecteur, citations à l'appui, les diverses interprétations en l'invitant à se forger sa propre opinion. Geiger, qui par son livre a ouvert le débat, partage la vision des contemporains de l'artiste. Le titre même de son ouvrage donne le ton puisqu'on pourrait le traduire par «Les tableaux extravagants de Giuseppe Arcimboldo». La lecture de ce livre ne fait que confirmer l'impression d'extravagance qui se dégage des tableaux d'Arcimboldo. Geiger s'appuie surtout sur Lomazzo, Comanini et Morigia qui rangèrent les tableaux d'Arcimboldo dans le genre de peinture convenant «aux auberges et lieux semblables» (Lomazzo), ou les qualifièrent de «scherzo» ou «bizzarrie». Cette perception de l'œuvre d'Arcimboldo fut renforcée par P.A. Orlandi qui, au 18e siècle, présenta Arcimboldo comme un peintre extravagant et par Luigi Lanzi qui parlait des «caprices» et des «facéties» jaillissant du pinceau de l'artiste. Geiger lui-même évoque «Arcimboldo et ses extravagances»[7]. Pour lui, le terme d'extravagance n'a cependant rien de péjoratif.

Dans un passage tiré de la même page, Geiger exalte les qualités artistiques d'Arcimboldo. Il y attaque les «bouffons» modernes et leur oppose Arcimboldo. Pour Geiger, «il existe aujourd'hui des bouffons, comme il a de tout temps existé des gens bizarres qui étaient peut-être aussi des bouffons, à cette différence près que les bouffons modernes – qui se découvrent par hasard du génie, alors qu'hier encore ils ne savaient même pas dessiner – me paraissent quelque peu de mauvaise foi, tandis que les précurseurs du beau dans la laideur ou vice-versa, maîtrisant à la perfection la technique de leur art, étaient tout de même sincères dans leur genre, ne serait-ce que parce qu'ils en étaient les pionniers. Et parce qu'ils étaient sincères, ils faisaient preuve d'originalité. Si cette laideur qui surpasse toute beauté confine finalement à la satire qui enthousiasmait le souverain, à la facétie si appréciée qui rompait l'ennui des cours de l'époque, à l'illusion d'optique, au mimétisme pictural, au

Ce que j'ai écrit sur **L'Eté** exposé au Louvre s'applique aussi à ce tableau. Les différences entre ces deux œuvres sont minimes.

L'Automne, 1572
Huile sur toile, 76,8 x 56,7 cm
Collection privée, Berlin

«simulacre» pour parler comme Ficin, le traducteur de Platon, c'est pour moi une raison supplémentaire de me pencher sur cet artiste génial dans son genre qui a diverti trois empereurs à l'époque de Titien et du Tintoret et nous divertit aujourd'hui encore.»[8]

Geiger trouve sa vision de l'art d'Arcimboldo confirmée par Adolfo Venturi, un spécialiste de la peinture italienne qui fait remonter les figures grotesques d'Arcimboldo à l'étude des caricatures de Léonard de Vinci et à la gravure allemande. «La main de Léonard semble vraiment avoir guidé celle du peintre.»

Pour Geiger, l'art d'Arcimboldo est en outre marqué par l'environnement de la cour impériale, par son travail dans les cabinets d'art et de merveilles et sa fréquentation de la société érudite avec les alchimistes et les mages que l'empereur avait attirés près de lui. Geiger n'exclut pas non plus l'influence

Cette représentation de **L'Automne** se distingue de celle qui est au Louvre par le contraste plus accentué entre le clair et le foncé, opposant par exemple les grappes presque noires et la pâleur du visage. Le changement de format du tableau s'explique par la prolongation du tonneau. On remarquera ici surtout l'arrière-plan assez clair, plutôt inhabituel chez Arcimboldo. Pour le reste, les deux tableaux ne présentent que des différences peu importantes. La qualité de l'exécution est identique.

L'Hiver, 1572
Huile sur toile, 76,8 x 56,7 cm
Collection privée, Berlin

directe de la cour qui prodiguait à l'artiste conseils et suggestions, estimant que «ces empereurs pris dans les revers politiques et les troubles intérieurs des guerres de religion, aspirant au divertissement et à la paix, ne serait-ce qu'au sein de leur famille, se sont bien amusés des facéties artistiques, des tableaux extravagants de notre Arcimboldo.» A un autre endroit de son livre, Geiger se montre plus nuancé quant à l'influence de la cour sur le style de l'artiste: «Que sa nature ait porté Arcimboldo vers la caricature et une peinture illusionniste, ou que ses commanditaires, voulant tourner leur prochain en dérision, l'y aient incité, toujours est-il qu'il s'engagea à Prague sur une nouvelle voie, faisant volte-face, et se forgea avec obstination un style pictural inédit, si original qu'il fait encore aujourd'hui sa célébrité.»[9]

Les courants littéraires et artistiques se sont toujours

Cette allégorie de **L'Hiver** privilégie, comme **L'Automne** de la même collection, un allongement du format dans le traitement de la forme par rapport à **L'Hiver** exposé au Louvre. On notera en outre des différences dans le coloris et dans la manière dont l'artiste rend les surfaces. Il suffit pour s'en convaincre de comparer l'écorce de l'arbre telle qu'elle est représentée dans les deux tableaux. Alors que le tableau du Louvre souligne les contours heurtés de l'écorce, Arcimboldo choisit pour cette représentation une surface plutôt adoucie, plus fondue.

Le Juriste, 1566
Huile sur toile, 64 × 51 cm
Statens Konstsamlingar, Gripsholm Slott, Stockholm
Inscription au verso: Giuseppe Arcimboldo F. 1566

Ce tableau dans lequel Geiger voit le portrait de Calvin représenterait plutôt, d'après Sven Alfons, le juriste J. U. Zasius, un proche conseiller de Rodolphe II. Pour Comanini, ce portrait est celui «d'un certain docteur, dont tout le visage était ravagé par le mal français au point qu'il ne gardait au menton qu'un peu de poil . . . Il l'a entièrement composé de viandes et de poissons rôtis et la réussite fut telle que quiconque le regardait s'apercevait immédiatement que c'était l'effigie véritable du juriste». On ne peut sans frémir regarder le visage de cet homme, en particulier l'œil encore vif du poulet plumé qui forme en même temps l'œil du personnage. Le torse est certes enveloppé d'un superbe manteau, mais celui-ci ne recouvre que des livres et d'épais dossiers.

influencés mutuellement. Geiger signale une telle relation qui met en lumière, selon lui, la conception qu'avait Arcimboldo de l'art. Rabelais, contemporain d'Arcimboldo, venait d'écrire un roman dans lequel il brandissait la trique satirique contre tous et toute chose comme personne ne l'avait encore fait. L'Allemand Fischart traduisit ce roman et écrivit lui-même quelques livres de la même veine satirique. Ces romans furent illustrés plus tard par Tobias Stimmer et Geiger décrit l'une de ces illustrations qui n'est pas sans rappeler les tableaux d'Arcimboldo. Elle représente le pape qui est constitué, comme les têtes composées d'Arcimboldo, d'objets combinés dans l'intention de tourner le personnage en dérision. L'analogie est cependant purement formelle car Arcimboldo poursuivait dans ses tableaux une toute autre intention, à l'exception d'un seul tableau que Geiger interprète comme une caricature de Calvin. Il n'est toutefois pas assuré qu'il s'agisse bien de Calvin; les avis divergent à ce sujet. Et l'intention satirique d'autres tableaux évoqués par Geiger n'est pas vérifiable non plus puisque nous ne connaissons pas les œuvres en question.

Pour en terminer avec l'interprétation que donne Geiger d'Arcimboldo, je citerai quelques lignes de son livre qui laissent entendre que l'artiste ne doit pas être réduit au peintre de tableaux extravagants. Un vers extrait d'un sonnet «Ce n'est point un assemblage, pas plus qu'une figure» révèle selon Geiger «l'intention secrète du peintre, plus empreint de philosophie qu'on ne le croirait au premier abord. La méthode consistant à «voiler» la nature par l'art, autrement dit à rendre la réalité sous un déguisement, est la continuation logique du style ‹surréaliste› que le maître a fait sien. Arcimboldo avait atteint une grande maîtrise et une profonde originalité dans sa capacité d'exprimer ‹les choses non sensibles par des simulacres sensibles›, pour reprendre les mots que Comanini place dans la bouche de son Figino».[10]

Dans sa thèse «Variations on the Imperial Theme in the Age of Maximilian II. and Rudolf II.», Thomas DaCosta Kaufmann examine l'œuvre d'Arcimboldo sous un tout autre aspect.

Il analyse avec un grand sérieux l'activité artistique d'Arcimboldo à la lumière de la culture dans laquelle vécut le peintre. Des textes retrouvés récemment incitent, selon lui, à réviser la conception faisant des tableaux d'Arcimboldo des œuvres amusantes, originales et pleines de fantaisie. Pour DaCosta Kaufmann, le «portrait» de Rodolphe II en Vertumne, par exemple, n'est pas une facétie «bizarre» destinée à faire rire l'empereur. Il repousse l'interprétation de Geiger qui considère les tableaux de l'artiste comme des «peintures extravagantes» et celle de Francine-Claire Legrand et Félix Sluys qui parlent de «bizarreries picturales». Il récuse également la conception défendue par Paul Wescher qui voit dans les œuvres d'Arcimboldo «des expressions parodiques de la notion de

REPRODUCTION CI-CONTRE:
Le Juriste, non daté
Huile sur toile, 70 × 54 cm
Collection privée, Milan

La seconde version du tableau intitulé **Le Juriste** ne serait pas, selon des études récentes, de la main d'Arcimboldo. Elle ressemble beaucoup à la première. On retrouve de grandes similitudes dans le visage et le long col de fourrure des personnages, mais la poitrine est d'une grande sobriété dans le premier tableau alors qu'elle est richement parée d'ornements dans le second. Une lourde chaîne descendant presque jusqu'au ventre et retenant une large médaille recouvre l'ornementation pectorale. Zasius, dont c'est probablement le portait, était l'un des plus proches conseillers de l'empereur et l'empereur lui a vraisemblablement décerné des décorations en récompense de ses services.

La tête d'un gaillard un peu fruste émerge d'un plat. Considéré avec attention, ce visage s'avère composé de rôtis divers. En retournant le tableau, on s'aperçoit que le couvre-chef du personnage n'est autre chose qu'un plat chargé de rôtis. Une rondelle de citron est posée sur le bord et des viandes rôties s'empilent au milieu du plat. Quelqu'un est en train de le couvrir pour l'empêcher de refroidir.

REPRODUCTION PAGES 40 ET 41:
Le Cuisinier (tableau réversible), vers 1570
Huile sur bois, 52,5 × 41 cm
Collection privée, Stockholm

REPRODUCTION PAGES 42 ET 43:
Le Jardinier (tableau réversible), vers 1590
Huile sur bois, 35 × 24 cm
Museo Civico, Crémone

Ce tableau représente une jatte verte remplie de légumes. Après avoir été pivotée de 180°, la jatte pleine de légumes devient une tête rustaude et rebondie, un peu à l'image des légumes.

microcosme et de macrocosme». DaCosta Kaufmann accepte davantage la perception de Sven Alfons, Pavel Preiss et R. I. W. Evans qui reconnaissent dans la peinture d'Arcimboldo l'idée d'un «système de correspondances entre le microcosme et le macrocosme, une théorie aristotélicienne des éléments». DaCosta Kaufmann, quant à lui, fonde son interprétation de l'univers pictural d'Arcimboldo sur un long poème redécouvert récemment, intitulé «Les quatre Saisons et les quatre Eléments représentés par le peintre de la cour impériale Giuseppe Arcimboldo» composé par Giovanni Battista Fonteo et sur un recueil de documents se rapportant aux fêtes organisées à Prague en 1570 et à Vienne en 1571. DaCosta Kaufmann suppose qu'Arcimboldo était d'accord avec la vision exprimée par Fonteo, l'un de ses proches collaborateurs. Les textes de Fonteo permettent une connaissance intime des tableaux d'Arcimboldo. Ils ne se bornent pas à une description des sujets peints, ils les expliquent comme «allégories impériales» et mettent en évidence les rapports qui les lient, leur signification et les allusions à la vie et aux événements de la cour. Les commentaires de Fonteo atteignent leur summum dans la démonstration que le portrait de Rodolphe II en Vertumne est un hommage à l'empereur. La relation étroite entre le poème de Fonteo et les tableaux d'Arcimboldo apparut également à l'occasion du nouvel an 1569. Il était d'usage que les sujets offrent des étrennes au souverain. Le poème de Fonteo accompagnait les quatre Saisons et les quatre Eléments qu'Arcimboldo offrit à Maximilien II. Ce don prouve qu'il s'agissait bien de «tableaux impériaux». Ils plurent d'ailleurs tant au souverain qu'il en orna sa chambre à coucher. Peut-on imaginer cadeau plus digne du «Roi des Rois» que les Saisons et les Eléments qui forment l'année et la nature?

DaCostaKaufmann est d'avis que le mot «grilli» associé aux tableaux d'Arcimboldo a conduit à une mauvaise interprétation de ses œuvres, bien que le poème de Fonteo présente sans ambiguïté possible les tableaux comme un hommage de l'artiste à l'impereur. Le terme «grilli» utilisé par Fonteo fut interprété par Lomazzo et les exégètes ultérieurs d'Arcimboldo dans le sens habituel de «caprices», «lubies», «fantaisies». Des tableaux drôles ou fantaisistes peuvent cependant difficilement constituer un hommage à l'empereur. DaCosta Kaufmann s'étant livré à une étude approfondie de ce mot, conclut que «grilli» ne peut que traduire la manière inhabituelle, unique, dont Arcimboldo transpose une idée. Dans ses «têtes composées», par exemple, il représente un paysan par ses outils de travail ou un cuisinier par ses ustensiles. Cette idée est unique, et Fonteo, même en remontant à Alexandre le Grand et à son peintre légendaire Apelle, ne lui connaît pas de précédent.

TOM.I.

Le Vertumne d'Arcimboldo

Une fois rentré définitivement en Italie, Arcimboldo tint la promesse faite à Rodolphe II de continuer à peindre pour lui. L'un des tableaux qu'il réalisa alors fur hautement apprécié de tous et en particulier de l'empereur lui-même. Il représente un buste du souverain, de face, sous les traits du dieu Vertumne qui était chez les Romains le dieu de la végétation et de la métamorphose. L'effigie de Rodolphe est composée de fruits, de fleurs et de légumes splendides qui évoquent les quatre saisons. Dans une «harmonie parfaite», les plantes de toute l'année sont rassemblées pour célébrer l'empereur qui règne sur elles tel le dieu Vertumne. Avec ce tableau, l'œuvre d'Arcimboldo à la gloire de Rodolphe II et des autres Habsbourg atteint son apogée. Nul n'a su mieux interpréter ce tableau que Comanini, contemporain et ami de l'artiste. Il a consacré au Vertumne le poème reproduit aux pages suivantes.

REPRODUCTION PAGE 45:
Vertumne, vers 1590
Huile sur bois, 70,5 x 57,5 cm
Skoklosters Slott, Suède

Qui que tu sois qui regardes
Mon image difforme et étrange,
Le rire aux lèvres,
Les yeux moqueurs
Et le visage empreint
D'une allégresse soudaine
A la vue de ce monstre nouveau
Que dans leurs chants les anciens
Et sages fils d'Apollon
Appelèrent Vertumne,
Si me regardant ainsi point ne t'étonnes
De la laideur qui me fait beau,
C'est que tu ignores combien
Toute beauté abonde de laideurs.
Je suis multiple,
Et pourtant je ne suis qu'un,
Produit de plusieurs choses.
Et mon visage varié reflète
Les apparences.
Mais reprends ton sérieux,
Concentre-toi
Et écoute avec attention
Que je puisse te confier
Le secret de l'art nouveau.
Le Monde autrefois était tout confondu:
Le ciel et le feu,
Le feu, le ciel et l'air
Etaient mêlés ainsi que l'onde,
L'air, la terre
Et le feu et le ciel.
Et sans ordre le tout
Etait informe et laid.
Mais Jupiter de sa droite
Etendit ensuite la terre
Sur l'onde et l'air,
Sur l'eau et la terre,
Et au-dessus de l'air, le feu,
Liés les uns aux autres,
Et gênés et oppressés
Par l'humide et le sec,
Le froid et le chaud,
Tels les quatre anneaux
Qui dans un collier enserrent
Fermement plusieurs pierres précieuses.
Il fit du ciel le trône
Le plus noble de ces éléments,
Ce ciel qui les domine
Et les accueille tous en son sein.
Ainsi, tel un animal
Vif, altier, parfait,
De cette confuse et
Vaste masse ondoyante,
Comme d'une matrice
Pleine et féconde à la fois,
Naquit enfin le Monde
Dont le visage, le regard
Est l'Olympe étoilé,
L'air est le buste et la terre les entrailles,
Dont les pieds sont les abîmes,
Et l'âme qui réchauffe, ravive
Et donne sa force
A ce grand corps, est le feu;
Les fruits et la verdure,
Auxquels d'autres usages ont été réservés,
En sont les vêtements.
Or selon toi, qu'a fait
Arcimboldo l'ingénieux
En me peignant ainsi de son pinceau
Qui dépasse même celui de Zeuxis
Ou de qui réussit l'illusion
Du mince voile peint
Dans le combat glorieux?
Digne émule hardi
Du grand Jupiter,
Il choisit
Mille fleurs, mille fruits
Dans les champs où Nature
Les avait joyeusement mêlés,
De ceux-ci tissant un buste élégant,
Avec ceux-là imitant des membres.
Admire ce qui me ceint le front,
L'orne et le colore:
Tous ces épis acérés
Que murit, dore et brûle
Juin et ses poussières,
Et que, de son poing gauche fermé,
Le moissonneur tend
A la lame courbe qui
Les détache et les taille.
Tous ces épis pleins
De ce millet doré qu'apprécie
En hiver le pâtre des montagnes,
Son épouse et ses fils,
Nourriture simple et douce
Qui, dans l'humble cabane,
Les réunit autour du feu.
Et ces raisins en grappes souples
Que le pinceau vagabond
Des rayons du Soleil
Peint en jaune et vermeil
Et qu'au mois de Bacchus
On détache de l'orme.
Reconnais que cette coiffure,
Haute, pleine et ronde
Dont mon front est chargé,
Me fait l'égal d'un Thrace
Ceignant ainsi mon chef et

DETAIL:
Vertumne, vers 1590
Huile sur bois, 70,5 x 57,5 cm
Skoklosters Slott, Suède

*L'entourant de mille nœuds,
Elle confère ire
Et dédain à mes yeux.
Admire le melon estival qui,
Lorsque gémit le Chien céleste
Et que le Lion de feu
Fait résonner le ciel
De ses chauds rugissements, ici bas,
Ou dans une riche demeure, dans une grotte,
Auprès de la fontaine ou du ruisseau,
Humide et savoureux,
Refraîchit les lèvres assoiffées
Du seigneur, de l'humble paysan,
De la nymphe vagabonde,
Du guerrier languissant.
Regarde! Avec son écorce rugueuse
Et âpre il durcit mon front
Et me fait presque ressembler
Au laboureur alpestre
De ces terres de Bohême
Proches du froid polaire,
Perdues dans les pierres,
Les bois et les glaciers,
Grimaçant, étrange
Et à l'obscur langage.
Admire la tomate et la pêche,
Rondes, rouges et vives,
Qui font l'une et l'autre joue.
Considère également mes yeux:
L'un est une cerise
Et l'autre une mûre vermeille.
Ne diras-tu pas que si mon visage
N'est pas celui de Narcisse,
Je ressemble du moins
A son frère joyeux et fort
Dont les yeux et les traits
Expriment les vendanges,
La force et l'énergie
Et qui but tout au long
Du banquet
En compagnie de ses familiers préférés
Jusqu'à ce que sa coupe fût vide?
Admire les deux noisettes
Et leur verte enveloppe
Posées de part et d'autre
De mes lèvres et qui, en tombant,
Forment la double mèche
D'une moustache bien taillée
En si belle harmonie
Avec l'écorce épineuse
D'une châtaigne
Qu'arbore le menton
Complétant à merveille
Ce viril ornement.
Allons! Quel bel Ibère
A la toison du visage
Si bien composée,
Longue, fine et touffue
Qu'il flatte souvent
Des doigts, ramasse, plie
Et relève vers les tempes,
Essayera, osera
Comparer à la mienne?
A la mienne si nouvelle?
Admire encore cette figue,
Mûre, ouverte,
Accrochée à mon oreille
Et tu diras que je suis
Un jeune et aimable Français
Qui sur les rives de la Seine
Porterait à son oreille
La lourde extrémité
D'une perle aux mille feux
Et, aussi joli qu'une fleur,
N'inspire que grâce et amour.
Admire enfin cette ceinture,
(Car je ne parlerai point de mes
Autres membres robustes et beaux)
Cette ceinture de mille fleurs
Qui tel un tissage d'or fin
Tombe de mon épaule droite
Et m'entoure le buste:
Tu me prendras alors pour
Un soldat fier et courageux
De Mars le superbe qui suivant
Joyeusement la trace de ses pas,
Porte les couleurs
De l'enseigne déployée de son Chef.
Mais ce dont je m'enorgueillis
Par-dessus tout, dont je jouis,
Ce pourquoi je me redresse fièrement,
C'est que je suis proche du Silène
Du jeune enfant grec
Si cher au bon vieillard
Tant estimé du grand Platon, car si
De l'extérieur j'ai l'apparence d'un monstre,
Je cache au fond de moi
De grandes qualités et une grande noblesse.
Et maintenant, dis-moi s'il te plairait
De voir ce que je cache
Car sur le champ je retire mon voile.*

Don Gregorio Comanini

Flora, vers 1591
Huile sur bois, 72,8 × 56,3 cm
Collection privée, Paris

De retour à Milan, Arcimboldo peignit en 1588 le **Vertumne** et la **Flora,** puis une seconde version de ce tableau deux ans plus tard. Le premier tableau porte au verso l'inscription «La flora dell'Arcimboldo». D'après B. Geiger, ce tableau fut «célébré par des gens d'esprit dans des poèmes en latin ou en langue populaire». Don Gregorio Comanini le chanta dans le madrigal suivant:

Son'io Flora o pur fiori?
Se fior, come di Flora
Ho col sembiante il riso? E s'io son Flora,
Come Flora è sol fiori?
Ah non fiori son'io; non io son Flora.
Anzi son Flora, e fiori.
Fior mille, una sol Flora;
Vivi Fior, viva Flora.
Però che i fior fan Flora, e Flora i fiori.
Sai come? I fiori in Flora
Cangiò saggio Pittore, e Flora in fiori.

Ce poème repose sur le jeu de mots fleur/Flore et peut se traduire de la manière suivante:

Suis-je Flore ou fleurs?
Si je suis fleurs, pourquoi de Flore
Ai-je le sourire? Et si je suis Flore
Pourquoi n'est-elle que fleurs?
Ah! Ni fleurs ni Flore
Ou plutôt je suis et Flore et fleurs.
Mille fleurs, une seule Flore.
Vives fleurs, vivante Flore.
Mais pourquoi les fleurs font Flore,
Et Flore des fleurs.
Le sais-tu? Le peintre habilement
Mua les fleurs en Flore
Et Flore en fleurs.

L'identification des tableaux d'Arcimboldo pose de grosses difficultés aux historiens de l'art. DaCosta Kaufmann ne connaît que quatre tableaux attestés comme originaux par la signature de l'artiste. L'authenticité d'autres œuvres qui ont fait l'objet de descriptions concordantes de contemporains n'est guère douteuse. D'autres toiles encore font partie de séries intégralement préservées. Mais les spécialistes sont en désaccord sur la paternité de plusieurs tableaux. La grande difficulté vient du fait qu'Arcimboldo, à la demande des empereurs, a souvent peint ses séries en plusieurs exemplaires avec des différences plus ou moins importantes. On peut donc, dans certains cas, parler de répliques originales.

Pour DaCosta Kaufmann, l'exaltation de la personne de l'empereur dans les représentations d'Arcimboldo procède de l'idée répandue à la Renaissance qu'il existe des correspondances entre le macrocosme et le microcosme. Les affinités qui unissent les parties de la nature, de l'univers, autrement dit le macrocosme, existent également entre le macrocosme et le microcosme, cet univers réduit qu'est l'homme.

«Le semblable est lié au semblable.»[11] Ce qui auparavant paraissait outrancier devient une allégorie acceptable. L'empereur exerce son pouvoir sur l'Etat, sur les hommes, autrement dit sur le microcosme. Mais par le biais de correspondances entre le microcosme et le macrocosme, il règne aussi sur les saisons et les éléments.

La composition des têtes étaie l'idée, exprimée par Fonteo, que l'empereur règne sur les saisons et les éléments. Ainsi l'harmonie des fruits ou des animaux renvoie à l'harmonie qui prévaut sous la domination bienveillante des Habsbourg. La concorde qui unit les éléments et les saisons est à l'image de la paix qui règne dans l'empire de Maximilien II. Fonteo détaille longuement l'harmonie qui lie les éléments et les saisons selon le principe des correspondances évoqué plus haut. Les saisons sont ainsi associées aux éléments dont elles partagent les propriétés: «L'été est chaud et sec comme le feu, l'hiver est froid et humide comme l'eau, l'air et le printemps sont tous deux chauds et humides, et l'automne et la terre sont froids et secs». Fonteo pousse ses explications encore plus loin. Proserpine, la déesse de l'hiver, est l'aimée de Neptune, dieu de l'eau: c'est pourquoi l'hiver et l'eau vont de pair. L'air du printemps fait resplendir les fleurs épanouies. L'été et le feu ont en commun une planète, le soleil, et la terre et l'automne sont tous deux associés à la lune. Le poème de Fonteo se présente sous forme d'un dialogue au gré duquel les saisons et les éléments se donnent la réplique pour célébrer les louanges de l'empereur. Ces dialogues trouvent leur illustration dans les tableaux d'Arcimboldo. Les saisons et les éléments représentés de profil se regardent: l'hiver fait face à l'eau, le printemps à l'air, l'été au feu et l'automne à la terre.

Le Printemps, 1563
Huile sur bois, 66,7 × 50,4 cm
Real Academia de Bellas Artes de San Fernando, Madrid
Signé en bas à droite: Giuseppe Arcimboldo F.

Ce tableau, qui se trouve aujourd'hui à l'Académie royale San Fernando de Madrid, fut peint par Arcimboldo en 1563 sur une commande de Ferdinand Ier. Il fait donc partie de la première série des Saisons que nous connaissons, et dont **L'Eté** et **L'Hiver** sont exposés au Kunsthistorisches Museum de Vienne. Ce **Printemps** était peut-être un cadeau destiné à Philippe II et parvint ainsi en Espagne. L'inscription incomplète au verso «Le Printemps accompagné de l'Air qui . . .» confirme la thèse de DaCosta Kaufmann pour qui les Saisons et les Eléments sont appariés de manière particulière. L'inscription au dos du tableau désigne un tel couple: **Le Printemps** et **L'Air.** Ainsi s'explique également l'orientation des profils: les deux personnages sont tournés l'un vers l'autre et se regardent.
Arcimboldo a peint la série de 1563 après s'être engagé à Prague «sur une nouvelle voie» et «s'être forgé avec obstination un style pictural inédit, si original qu'il fait encore aujourd'hui sa célébrité»[24].

Chaque série obéit à une sorte de symétrie. Deux personnages sont tournés vers la gauche et deux vers la droite. Mais le réseau des correspondances est encore plus étendu: le monde est formé des éléments et celui qui règne sur les éléments exerce son pouvoir sur le monde, d'où il s'ensuit que l'empereur brisera aussi la puissance des Turcs. Les quatre saisons reviennent chaque année, symbolisant l'ordre immuable de la nature. De même, les Habsbourg sont appelés à régner éternellement. La pensée sous-jacente aux tableaux d'Arcimboldo explique dans une certaine mesure le choix de têtes comme forme allégorique. Ce type de représentation des saisons a une longue tradition. On les retrouve en effet comme têtes ornées sur des pièces de monnaie romaines. Le cabinet numismatique de Rodolphe II en contenait certainement.

Pour Arcimboldo et Fonteo, le choix des têtes avait son origine précise dans un épisode légendaire de l'antiquité, la construction du temple de Jupiter au Capitole.

D'après un récit de Denys d'Halicarnasse dont on retrouve une variante chez Livius, les bâtisseurs du temple de Jupiter trouvèrent, lors des travaux de terrassement, une tête dégouttant de sang mais aux traits du visage intacts. Un devin déclara que le lieu de cette découverte était destiné à être la «tête» (caput) de l'Italie toute entière. D'où le nom «Capitole» et le mot latin «capita» qui signifie les «têtes». D'après Livius, l'endroit devait être le centre de l'empire et la tête (caput) du monde. Par analogie, les têtes figurant les saisons et les éléments symbolisent la domination éternelle des Habsbourg.

Pour Fonteo, la signification politique des tableaux est confirmée par des références symboliques à la maison des Habsbourg. On relève par exemple dans «L'Air» la présence du paon et de l'aigle, emblèmes de la maison de Habsbourg, suggérant que l'élément naturel est placé sous leur domination. «Le Feu» donne également lieu à une double interprétation. D'une part, la chaîne de la Toison d'Or est composée de pierres à feu et de briquets qui font jaillir une flamme lorsqu'on les frappe, d'autre part la Toison d'Or était un ordre des Habsbourg. De plus, «Le Feu» a un indéniable caractère martial. Des références à la maison de Habsbourg se retrouvent également dans le tableau «La Terre» avec la peau de lion d'Hercule et la toison de bélier.

Le lion symbolise le royaume de Bohème qui faisait partie de l'empire des Habsbourg. Les perles qui ornent «L'Eau», la couronne que forment les bois des animaux peuvent également être interprétés symboliquement.

Des parallélismes similaires sous-tendent les tableaux représentant les saisons. Dans la trame du manteau que porte «L'Hiver», par exemple, apparaît un motif représentant un briquet et un M majuscule; il faut probablement y voir le symbole de la Toison d'Or et l'initiale de l'empereur Maximilien. Dans une autre représentation de l'hiver destinée à

L'Eté, 1563
Huile sur bois, 67 × 50,8 cm
Kunsthistorisches Museum, Vienne

Ce tableau intitulé **L'Eté** appartient, avec **L'Hiver** également exposé au Kunsthistorisches Museum de Vienne et **Le Printemps** de Madrid, à la première série des Saisons.
Il comporte aussi la signature de l'artiste sur le col: «Giuseppe Arcimboldo. F.» et l'année de sa réalisation sur l'épaulette «1563». Cette œuvre ne présente que des différences minimes avec **L'Eté** conservé au Louvre mais se distingue par les coloris et la composition de la coiffure du tableau de Berlin.

l'électeur de Saxe, Arcimboldo introduisit le blason de la Saxe. L'hiver a encore une signification particulière que nous dévoile Fonteo.

Chez les Romains cette saison marquait le début de l'année et s'appelait donc «caput anni». Le mot «caput» signifie aussi la tête dans le sens figuré de «chef». Le rapprochement de l'hiver (caput anni) et de l'empereur Maximilien (caput mundi) trouve ainsi son explication et sa légitimation. C'est d'ailleurs dans le costume de l'hiver que Maximilien prit part au cortège du nouvel an 1571.

DaCosta Kaufmann met encore en évidence les analogies qui existent entre les tableaux d'Arcimboldo et les projets qu'il élabore pour les cortèges. Tout comme les tableaux, ces festivités ont un contenu allégorique: elles célèbrent la puissance de l'empereur et l'harmonie du monde sous sa bienveillante domination.

Comment faut-il comprendre Arcimboldo, comment l'appréhender? A cette question Mandiargues répond en ces termes: «Je ne suis guère affligé, quant à moi, de la manie de classification, et je crois qu'il faut permettre à l'histoire de l'art d'être un peu chaotique, si on a de l'amour et du respect pour elle.»[12]

Pour Pieyre de Mandiargues, Arcimboldo est «un artiste accompli dans sa singularité comme ne sont que les grands». Sa relation avec l'artiste est toute subjective, personnelle, à l'image de son premier contact avec les toiles du peintre. C'était en automne 1931 au Kunsthistorisches Museum de Vienne: «[. . .] brusquement je m'étais trouvé devant quatre tableaux, deux «Saisons», «L'Hiver» et «L'Eté», deux «Eléments», «Le Feu» et «L'Eau», qui m'avaient frappé comme eussent pu faire des armes féériques.» Il poursuit: «il y avait [. . .] tant de puissance expressive dans les yeux prodigieusement vifs qui animaient le grouillement fixe de ces étranges faces, qu'il n'y avait rien de surprenant à ce que l'on en fut un peu médusé quand on venait de les découvrir.»[13]

Cette attitude transparaît dans tout le livre et explique la répugnance de Mandiargues à classifier ou à étiqueter Arcimboldo. Il soupèse les interprétations possibles sans toutefois se prononcer définitivement. Ainsi, il admet le terme de «maniériste» puisque le siècle d'Arcimboldo l'était presque entièrement, à ceci près que les tableaux d'Arcimboldo ne retracent pas d'histoires ni de songes. De même, il envisage sans la rejeter l'étiquette d'artiste «baroque» qui lui paraît justifiée par «son pouvoir de choc et son goût pour la mascarade» sans pourtant que son œuvre ait rien de «convulsif», contrairement au baroque. Mandiargues serait d'accord avec le terme de «préromantique» tout en remarquant que l'usage que fait le peintre de la nature «n'atteint guère au sentiment de la nature et [. . .] ne s'efforce jamais au lyrisme.» Il agrée aussi le qualificatif «fantastique» dans le sens du

L'Hiver, 1563
Huile sur bois, 66,6 × 50,5 cm
Kunsthistorisches Museum, Vienne
Signé en bas à droite: Giuseppe Arcimboldo F.
Date et titre au verso: 1563 Hjems

Cet **Hiver** se distingue considérablement dans sa conception des autres allégories des saisons. L'effigie n'est pas une tête composée dans le sens strict du **Printemps,** de **L'Eté** et de **L'Automne.** Ces trois saisons sont représentées par une profusion de plantes, de fruits ou de fleurs en rapport avec elles, tandis que dans le tableau symbolisant l'hiver, une figure centrale, le tronc d'arbre, donne la forme de la tête et domine la composition. La grande ressemblance entre la forme et la structure de la souche et le visage ridé, les poils de barbe clairsemés et les lèvres épaisses d'un vieillard soulève la compassion plus que les plantes et les fleurs qui perdent plutôt, à y regarder de près, le rapport avec la forme d'ensemble.

«Sophiste» de Platon ou «comme le reprend le père Comanini, à propos de notre peintre, dans le dialogue néoplatonicien du ‹Figino›».[14]

Par contre, il repousse la notion d'artiste «présurréaliste» à la manière de Jérôme Bosch car il ne voit chez Arcimboldo rien «qui soit d'origine inconsciente, automatique ou onirique». Les épithètes «ludique, parfois humoristique» trouvent son assentiment, mais il refuse de réduire l'art Arcimboldo à la plaisanterie comme le firent bien des contemporains de l'artiste. Mandiargues accorde peu de crédit à l'interprétation «symboliste» de l'œuvre d'Arcimboldo, Mandiargues retient comme essentiel «l'aspect de nature morte antropomorphe sous lequel se montrent presque toutes les figures composées, presque tous les tableaux d'Arcimboldo, même les deux panneaux réversibles»[15].

Après Geiger fasciné par les tableaux bizarres d'Arcimboldo, DaCosta Kaufmann pour qui l'art d'Arcimboldo est avant tout une célébration de l'empereur tendant à consacrer des rapports de force politiques, et Mandiargues à l'ardente admiration, Gustav René Hocke s'attache dans son livre «Labyrinthe de l'art fantastique» à interpréter Arcimboldo dans le contexte du maniérisme. Cette approche suppose que l'on examine Arcimboldo en tant qu'artiste de la Renaissance, puisqu'aussi bien il s'inscrit dans cette époque.

Tout artiste est influencé dans son évolution par le milieu culturel dans lequel il baigne. Arcimboldo est à la charnière entre la Renaissance et le maniérisme et son œuvre porte l'empreinte de ces deux courants artistiques. A ses débuts, il peignit des tableaux dans le style traditionnel de la Renaissance. Même plus tard, comme peintre officiel de la cour, il réalisa, peut-être par la force des choses, des portraits dans ce style. Pour montrer la diversité de l'œuvre d'Arcimboldo, nous vous présentons, à côté des tableaux maniéristes, quelques-unes de ses œuvres de facture traditionnelle. On peut les considérer comme typiques de l'art de la Renaissance. Une brève évocation des particularités de cette période permettra de bien saisir la différence entre les tableaux de la première veine et les œuvres peintes ultérieurement après que l'artiste, comme l'a montré Geiger, se fut engagé à Prague dans une voie nouvelle et eut fait sien ce style pictural singulier «si original qu'il fait encore aujourd'hui sa célébrité».

La Renaissance rompt avec le moyen-âge et voit le retour de la nature et de l'antiquité. Lorsque Léonard de Vinci s'élève contre les peintres qui «veulent corriger la nature» et déclare que «le tableau le plus louable est celui qui présente la plus grande ressemblance avec la chose reproduite», il est clair que la nature est à l'origine de toute création artistique. La peinture «idéalisatrice» de la Renaissance ne se contente cependant pas d'étudier la nature, les règles de la perspective ou l'anatomie: l'artiste recherche en effet dans ses tableaux «l'harmonie des

Le Printemps, non daté
Huile sur bois, 84 × 57 cm
Bayerische Staatsgemäldesammlungen, Munich

couleurs, des dimensions et des nuances». Il imite certes la nature, mais il la surpasse en sélectionnant ce qu'il y estime beau. Pour en reconnaître la beauté, l'artiste doit d'abord étudier la nature. Cela exige «des aptitudes artisanales et imitatives» car elles sont à la base du talent ou du génie.

Avant d'interpréter Arcimboldo à la lumière du maniérisme, Gustav René Hocke expose la spécificité de ce courant artistique dans le contexte plus large de la Renaissance.

Hocke explique que la Renaissance n'a pas seulement apporté le retour à la nature et à l'antiquité mais aussi l'émergence d'une «abstraction anti-naturaliste». Des forces du moyen-âge connaissent un regain de vigueur. On assiste au développement d'un art fantastique qui «met les événements psychiques et les émotions au-dessus de la conformité de l'objet avec nos perceptions.»[16] A l'art idéalisant la nature s'oppose l'œuvre d'art subjective véhiculant une idée.

Hocke se penche sur les notions développées par Zuccari. A partir d'une idée, notre esprit forme un «concetto» (une notion-image ou une image-notion). Un tel concept n'est pas abstrait, il s'agit d'une représentation idéelle préexistante, d'un «disegno interno», un dessin interne. Nous passons ensuite au stade du «disegno esterno», au dessin réel. «Zuccari distingue trois formes de ‹disegno interno› donc de ‹concetto› réalisé. 1. ‹disegno naturale›: l'art imite la nature. 2. ‹disegno artificiale›: l'art, à partir de la nature, crée une image artificielle. 3. ‹disegno fantastico-artificiale›: c'est l'origine de tout ce qui est insolite et curieux, des ‹caprices›, ‹inventions›, ‹fantaisies› et ‹bizarreries›.»

L'inspiration artistique est la manifestation du divin dans l'âme de l'artiste. «Dieu crée les choses naturelles, l'artiste des choses artificielles. L'imagination humaine forme – comme dans les songes, et à l'instar de Dieu – ‹de nouvelles espèces et de nouvelles choses›.»[17] L'œuvre d'art est l'idée de l'artiste menée à son terme.

Pour Hocke, il ne fait aucun doute que les tableaux d'Arcimboldo relèvent de la catégorie des «concetti», c'est-à-dire des représentations idéelles préexistantes dans le sens de «disegno metaforico-fantastico». Les tableaux d'Arcimboldo sont donc des œuvres métaphoriques et fantastiques et constituent même, de l'avis de Hocke, des «modèles du genre». Toutefois, l'artiste peint non pas «des emblèmes maniéristes» mais des «allégories maniéristes assez élémentaires».

Le livre de Francine-Claire Legrand et Félix Sluys «Arcimboldo et les Arcimboldesques» s'ouvre sur un essai consacré au peintre. Les auteurs reconnaissent ses talents artistiques, le raffinement de sa palette et la sûreté du trait. Mais ils ont du mal à appréhender les «têtes composées». La singulière magie qui habite ces tableaux leur en impose certes, mais «l'humour noir» de l'artiste leur est presque insupportable. Pour eux, Arcimboldo a bafoué et tourné en dérision l'idée du

L'Eté, non daté
Huile sur bois, 84 × 57 cm
Bayerische Staatsgemäldesammlungen, Munich

visage humain «miroir de l'âme». Ils lui reprochent d'avoir dépouillé l'homme de sa nature humaine et d'avoir contraint les choses à renier leur essence.

Arcimboldo n'ayant pas laissé d'écrits, F.-C. Legrand et F. Sluys cherchent la clé de son œuvre auprès de ses contemporains. Cette approche les amène finalement considérer Arcimboldo comme un représentant typique du maniérisme. Ceci explique à leurs yeux l'oubli dans lequel l'artiste tomba après sa mort. Il fallut les surréalistes pour redécouvrir l'effet de choc de ces «bizarreries plastiques».

Arcimboldo était un artiste érudit et lettré, nourri de la pensée philosophique grecque. Sans ce préalable, la conception des festivités organisées pour les Habsbourg n'eut pas été envisageable, comme le montre la chronique relatant le cortège de 1571 à Vienne. La propagation de la pensée platonicienne en Italie, qui se traduisit entre autres par la création de l'Académie platonicienne de Florence, a probablement éveillé, voire redoublé l'intérêt d'Arcimboldo pour Platon. Je suppose qu'il connaissait la théorie de Platon sur la formation de l'univers telle qu'elle est exposée dans le Timée, et qu'elle influa fortement sur la conception de ses «têtes composées». Les extraits du Timée que je vous propose justifient cette assertion. La pensée maîtresse du Timée est qu'un «Dieu éternel» a créé le monde – le ciel, la terre, les planètes et les dieux mineurs – à partir du chaos, en se servant des éléments naturels que sont le feu, l'eau, l'air et la terre.

«Or, de ces quatre éléments, la totalité de chacun fut prise par la constitution du monde. C'est en effet du tout du feu, de l'eau, de l'air et de la terre que le constitua son auteur; nulle partie ne fut laissé en dehors; tel avait été son dessein: d'abord afin que dans son tout le monde fût un vivant le plus complet possible, étant fait de parties au complet, et, outre cela, afin qu'il fut unique, du fait qu'il ne restât pas de quoi un autre pût naître.»[18] Les jeunes dieux suivirent l'injonction reçue du dieu immortel et «ayant reçu le principe immortel du vivant mortel, ils imitèrent l'ouvrier qui les avait faits: de feu, de terre, d'eau et d'air, ils empruntèrent au monde des portions, à charge qu'elles fussent un jour restituées; les ayant prises, ils les unirent ensemble, non au moyen de ces liens indissolubles qui les tenaient eux-mêmes unis, mais, avec des joints serrés et que leur petitesse rendait invisibles, ils les attachèrent; avec tous les éléments fut ainsi réalisée l'unité de chaque corps; puis, de l'âme immortelle ils enchaînèrent les révolutions dans ce corps en perpétuel flux et reflux.»[19] Le passage suivant montre que les animaux sont créés de la même matière.

«Il devait en effet des hommes naître un jour des femmes et autres bêtes sauvages, c'est ce que savaient ceux qui nous ont constitués, et ils n'ignoraient certes pas non plus l'utilité des ongles, et que bien des animaux, pour bien des usages, en auraient besoin; aussi, dans les hommes mêmes, dès leur

La représentation de **L'Eté** conservée à Munich est la plus originale des quatre allégories reproduites dans ce livre. Un examen attentif des motifs individuels révèle peut-être en plusieurs endroits une plus grande spontanéité dans le traitement des coloris.

L'Hiver, non daté
Huile sur bois, 84 × 57 cm
Bayerische Staatsgemäldesammlungen, Munich

naissance, ont-ils ébauché la genèse des ongles. Voilà par quel raisonnement et pour quels motifs ils ont fait croître la peau, les cheveux et, aux extrémités des membres, les ongles.»[20]

Comme le monde, les dieux et les hommes, les animaux et les plantes ont été créés à partir du feu, de l'eau, de l'air et de la terre. «Voilà donc du vivant mortel toutes les parties, tous les membres, joints par la nature. Or, sa vie, c'est au feu du soleil et au vent que la nécessité lui imposait de la mener; aussi, consumé, épuisé par ces agents, allait-il dépérir, quand les dieux lui ménagèrent un secours. Une nature née en même temps que la nature humaine est mêlée par eux à d'autres formes et à d'autres sensations, de manière à donner une autre sorte de vivants, qu'ils vont planter: ce sont aujourd'hui les arbres, plantes et graines domestiques; cultivés par le travail des champs, ils nous sont apprivoisés, mais primitivement, il n'y avait que les espèces sauvages, qui sont plus anciennes que les espèces domestiques. Tout être, en effet, quel qu'il soit, qui a sa part à la vie, a droit d'être appelé très justement vivant . . .»[21].

Il me semble évident qu'Arcimboldo souscrivait à l'idée platonicienne selon laquelle le cosmos, le monde, les hommes, les animaux et les plantes forment une unité, et que cette perception présidait à l'élaboration de ses tableaux.

Arcimboldo le savant

Lorsque nous pensons à Léonard de Vinci, nous admirons non seulement son œuvre artistique mais aussi ses multiples activités scientifiques. Il en va de même pour Arcimboldo. Il fut estimé pour ses talents de peintre, d'organisateur des fêtes princières et sa connaissance des arts, mais aussi pour ses capacités de savant et de technicien.

REPRODUCTION PAGE 63:
La naissance de sainte Catherine
Vitrail, 116 × 67 cm
Dôme, Milan, panneau n° 6 du 14e vitrail de l'abside sud. D'après un carton d'Arcimboldo (vers 1551), réalisé à Cologne en 1566.

Les deux vitraux du Dôme de Milan reproduits ici montrent, à titre d'exemple, qu'Arcimboldo a aussi travaillé dans le style de son époque. Nous ignorons le nombre total de cartons qu'il réalisa ainsi. Même les cartons qui furent exécutés ne peuvent pas tous être authentifiés avec certitude car d'autres artistes travaillèrent au Dôme en même temps qu'Arcimboldo. Le carton représentant la naissance de sainte Catherine fait partie d'un cycle retraçant la légende de sainte Catherine d'Alexandrie. Catherine subit le martyre pour avoir refusé d'apporter des offrandes aux statues de Zeus et d'Aphrodite. Ce carton réalisé par le maître-verrier de Cologne Konrad de Mochis ne laisse rien présumer de l'évolution future d'Arcimboldo. Mais on sait que ces cartons aussi valurent à Arcimboldo de grandes éloges de ses contemporains.

REPRODUCTION CI-CONTRE:
Sainte Catherine s'entretient avec l'empereur sur la foi véritable.
Vitrail, 116 × 67 cm
Dôme, Milan, panneau n° 57 du 14e vitrail de l'abside sud. D'après un carton d'Arcimboldo (vers 1551), exécuté à Cologne en 1566.

Le second exemple des travaux exécutés par Arcimboldo dans le style traditionnel illustre un autre épisode de la légende évoquée ci-dessus. Ce panneau représente sainte Catherine s'entretenant avec l'empereur sur la foi authentique.

REPRODUCTION PAGE 66 ET 67:
Eve et la pomme avec son vis-à-vis, 1578
Huile sur toile, 43 × 35,5 cm
Collection privée, Bâle

Ses amis le considéraient comme un homme du plus vif génie créateur et d'une érudition universelle.

Ses contemporains louaient l'esprit inventif qu'il mettait dans la construction de forteresses ou d'autres travaux d'architecture et la créativité qui lui inspira, entre autres, un procédé permettant de franchir rapidement un fleuve sans pont ni embarcation. Ses travaux mêlant l'art et la science ont été exposés par Comanini. Il décrit en détail les études d'Arcimboldo sur les relations entre les couleurs et les sons.

Le critique musical Lionello Levi se livre, dans un essai ajouté à l'ouvrage de Benno Geiger, à une «étude ou plutôt une présentation succincte» du traité quelque peu «nébuleux» de Comanini. Selon Levi, Arcimboldo part des «proportions harmoniques pythagoriciennes des tons et des demi-tons» pour les transposer en nuances de couleurs grâce à son «instinct» artistique, selon un procédé scientifique.

Il ne fait pas de doute qu'Arcimboldo a mis au point un tel procédé car Benno Geiger rapporte (d'après les récits de Comanini) que le musicien de Rodolphe II, Mauro Cremonese, ayant été instruit par Arcimboldo, trouva sur le clavecin toutes les consonnances que l'artiste avait notées en couleurs sur le papier. Comanini relate que «ce peintre extrêmement inventif était à même, non seulement de transcrire tous les tons et demi-tons, mais aussi de partager le ton en deux valeurs égales; il assombrissait le blanc d'une pointe de noir, progressant à degrés vers un noir de plus en plus profond comme on monte d'un ton grave vers les tons aigus et suraigus.»

En ajoutant graduellement du noir au blanc pur de départ, Arcimboldo réussit à reconstituer un octave de 12 demi-tons: les couleurs progressaient du blanc «grave» au noir «aigu». On pouvait même prolonger ce chromatisme jusqu'au double octave. «De même qu'il assombrissait le blanc très progressivement pour en limiter la «hauteur», il nuança le jaune et les autres couleurs en se servant du blanc pour la partie la plus grave du registre vocal, du vert et du bleu pour la partie médiane, et du marron et du bistre pour les parties plus aiguës; et ces couleurs se succédant, l'une assombrissant l'autre, le blanc est nuancé de jaune et le jaune de vert, puis le vert de bleu et le bleu de marron et le marron de la couleur bistre, tout comme le ténor succède à la basse, le contralto au ténor et le soprano au contralto.»[22]

Le récit de Comanini ne concerne probablement que le début des recherches d'Arcimboldo. L'artiste n'ayant laissé aucun écrit à ce sujet, nous ne pouvons que supposer qu'il envisageait d'étendre ce système dans le sens d'une «théorie de la perception». Il est par contre assez improbable qu'Arcimboldo ait voulu remplacer le système de notation musicale déjà assez perfectionné à cette époque-là par son système colorimétrique. Il aspirait plutôt à cette harmonie dont Comanini se fait l'écho: «Vous voyez donc combien les arts de

D'après un carton d'Arcimboldo:
La mort de la Vierge, 1561/62
Tapisserie, 423 × 470 cm
Cathédrale, Côme
Inscription en haut au centre: Guilde des tisserands de Côme. Inscription en bas à gauche: fait à Ferrare 1562

la peinture et de la musique vont de concert et suivent les mêmes lois quant à la structure de leurs formes.»

Un autre exemple de la création artistique d'Arcimboldo avant son départ pour la cour de Prague nous est fourni par une tapisserie destinée à la cathédrale de Côme. Il existe en tout huit cartons reprenant ainsi des thèmes de l'Ancien et du Nouveau Testament et pouvant être attribués avec une grande probabilité à Arcimboldo. La Vierge Marie est sur son lit de mort, entourée des douze apôtres, au milieu d'un paysage fantastique.
De l'avis de Geiger, ces cartons présentent déjà, à côté de l'aspect traditionnel de leur conception, des caractéristiques annonçant l'évolution ultérieure du peintre. Geiger voit surtout dans les éléments décoratifs qui encadrent le sujet une similitude avec la peinture pratiquée plus tard par Arcimboldo.

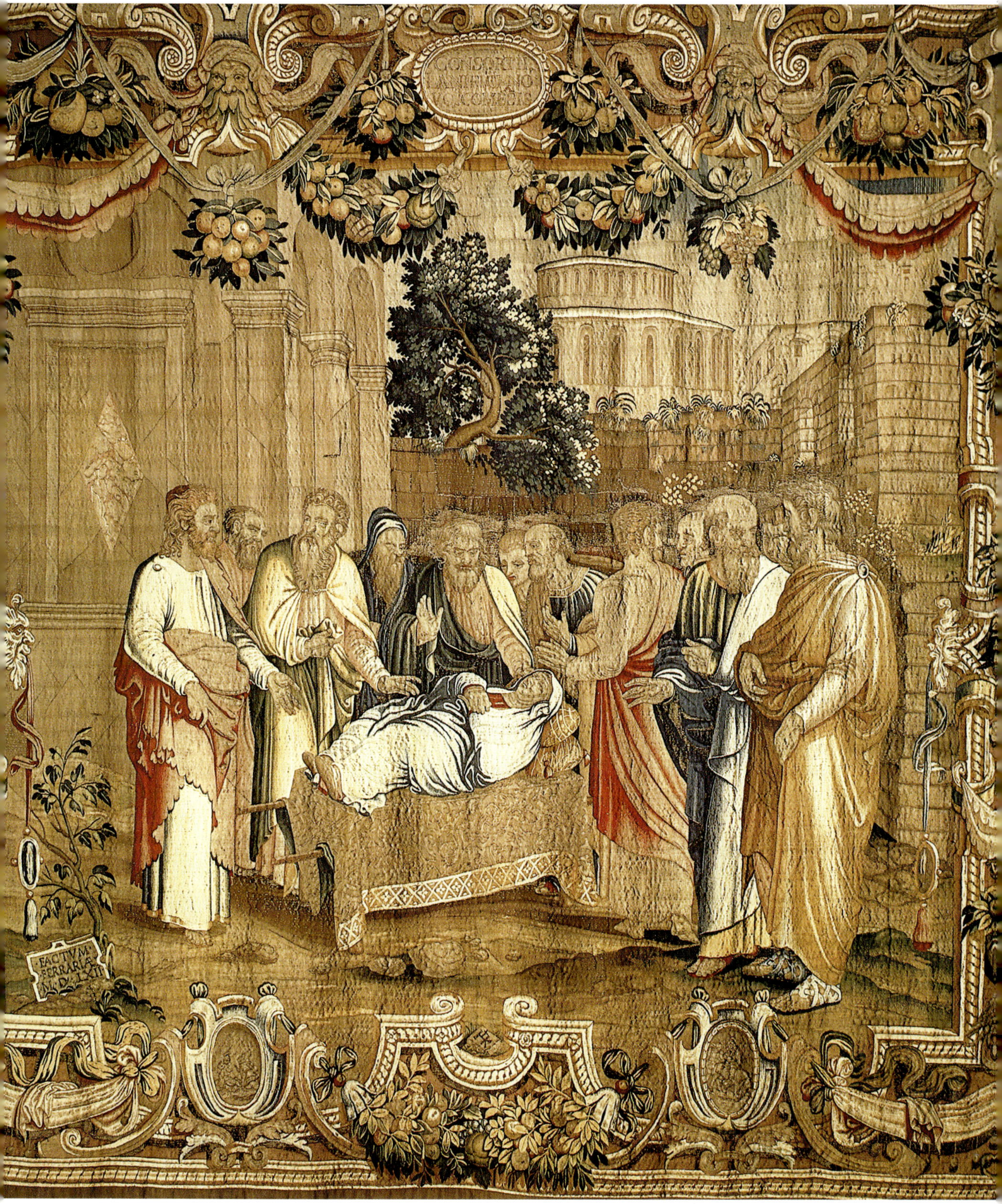
FACTVM
FERRARIÆ
M·D·LXII

Arcimboldo le dessinateur

En 1585, Arcimboldo dédia à l'empereur Rodolphe II un portefeuille de maroquin rouge contenant environ 150 dessins à la plume qui se trouve aujourd'hui aux Offices de Florence. Il porte en exergue une dédicace en latin qui peut se traduire en ces termes:

REPRODUCTION PAGE 70:
Projet de traîneau
Dessin à la plume et au lavis bleu
19 × 23 cm
N° inv. 3278 B

REPRODUCTION PAGE 71:
Projet de costume de Cerbère,
probablement destiné au cortège de Diane pour la parade de 1571 à Vienne.
Dessin à la plume et au lavis bleu
29 × 19 cm
N° inv. 3224

REPRODUCTION CI-CONTRE EN HAUT:
Projet de déguisement pour un cheval représentant un dragon
Dessin à la plume et au lavis bleu
25 × 19 cm
N° inv. 3224

REPRODUCTION CI-CONTRE EN BAS:
Dessin représentant un éléphant
Dessin à la plume, 24 × 18,5 cm
N° inv. 3225
En 1570, pour la première fois en Europe, un éléphant participa à une parade.

A SA MAJESTE INFINIMENT CLEMENTE RODOLPHE II, EMPEREUR DES ROMAINS INVAINCU, MONARQUE TOUJOURS AUGUSTE, Giuseppe Arcimboldo de Milan dédie de nombreuses inventions ornementales dessinées de sa main pour l'ordonnancement des tournois. EN L'AN DE GRÂCE 1585.

Les dessins évoqués dans cette dédicace sont les projets conçus par Arcimboldo pour les parades et les bals des empereurs de Habsbourg. Ces projets se rapportent pour la plupart aux fêtes données en 1571 à l'occasion du mariage de l'archiduc Charles de Styrie avec Marie de Bavière, ou ont été réalisés pour d'autres célébrations. Tous ne peuvent être datés. Les dessins sont exécutés dans le style traditionnel, les volumes sont rehaussés au lavis. Ils s'apparentent, par la conception des costumes et des coiffures, aux représentations de l'époque. Les projets servirent de modèles aux couturiers et aux tailleurs chargés de les réaliser et doivent donc être considérés davantage sous leur aspect historique que pour leur valeur artistique. Leur diversité témoigne de l'imagination débordante d'Arcimboldo.

L'hommage rendu à l'empereur dans les tableaux de l'artiste trouve sa confirmation dans les cortèges qu'Arcimboldo concourut à mettre sur pied. Selon DaCosta Kaufmann, les poèmes et les descriptions de Giovanni Battista Fonteo mettent en évidence les intentions politiques et le caractère fastueux de tels spectacles. Sur les festivités qui marquèrent le mariage de l'archiduc Charles en 1571 nous possédons un poème dithyrambique de Fonteo. Il brosse un tableau vivant et détaillé de la fête. Ce poème, dont je présente ici un résumé, est reproduit dans le livre d'Andreas Bayer «Arcimboldo. Figurinen»

Les réjouissances furent ouvertes par une joute organisée dans un pré sous les murs de la ville. Les cavaliers devaient rivaliser d'adresse pour décrocher de leur lance un anneau couronnant un mât. A cet effet, on avait érigé une colline artificielle et délimité une aire de combat par deux pyramides. Junon, patrone des mariages, fit la première son entrée dans le champ sur un char tiré par des paons. Elle était accompagnée de trois rois représentant trois continents, l'Afrique, l'Asie et l'Amérique, tous incarnés par des membres de la famille régnante. Durant les jeux qui succédèrent au cortège, ils tenaient le rôle de «mantenitori», c'est-à-dire d'observateurs et de meneurs de jeu. Après Junon parut Iris, sa messagère, qui descendit d'un nuage pour donner le signal du combat. D'autres divinités firent ensuite leur apparition: Europe, par exemple, montant un cheval déguisé en taureau, suivie de sirènes et des sept arts libéraux. Fonteo décrit les «artes liberales» comme les enfants de Mercure, incarnés par sept gentilhommes,

REPRODUCTION EN HAUT A GAUCHE:
Projet de costume pour la «Géométrie»
destiné à la parade de 1571 à Vienne.
Dessin à la plume et au lavis bleu
39 × 20 cm
N° inv. 3155
Inscription en haut du dessin: «La Géométrie conduite par le Sicilien Archimède et le Calabrais Achita. Manteau noir».

REPRODUCTION EN HAUT A DROITE:
Projet de costume pour la «Musique»
destiné à la parade de 1571 à Vienne.
Dessin à la plume et au lavis bleu
30 × 20 cm
N° inv. 3152
Inscription en haut du dessin: «La Musique conduite par le Romain Boetio et le Grec Arion, manteau jaune à rayures rouges, boutons d'or et d'argent».

chambellans de l'empereur. Chaque art était accompagné par deux de ses éminents représentants. Ainsi, la «rhétorique» était-elle escortée de Démosthène et Cicéron. Les sept dessins se trouvent dans le portefeuille conservé aux Offices de Florence. Outre une description des costumes de parade, ils précisent le nom des deux principaux représentants de la discipline choisis comme escorte.

Diane fut précédée d'une licorne, d'un groupe de serviteurs et d'un certain nombre de nobles déguisés en animaux sauvages. Derrière Diane défilèrent des hommes des bois portant des cors, et des amazones armées d'arcs et de flèches.

La suite de Neptune était formée d'hommes déguisés en poissons et représentant la faune aquatique des mers qui baignent l'Europe.

Derrière le char de Neptune défila le cortège de Pallas Athéna. La déesse se tenait sur un traîneau avec une chouette à

laquelle étaient attachés quatre vices désignés comme tels par des écriteaux. Les vertus cardinales parurent en compagnie de l'allégorie de la victoire. Des membres de la famille impériale et de l'aristocratie incarnaient Justitia, Fortitudo et Temperantia. Avec Vénus entourée d'Amours défila l'allégorie de la cupidité. Les chroniqueurs de la fête rapportent que Bacchus, représenté par un homme dans un tonneau, et sa suite provoquèrent l'hilarité de l'assemblée. Bacchus fut suivi de quatre gentilhommes symbolisant les quatre éléments, de quatre hommes représentant les vents et accompagnés de quatre dieux portant leur métal attitré. Ce cortège allégorique comprenait encore quatre fleuves européens et quatre nations d'Europe qui par leurs costumes incarnaient en même temps les quatre âges de l'homme.

Aux quatre nations se joignirent les quatre saisons ainsi que des cors symbolisant le vent d'est et le dieu Mars tenant un morceau de fer. Après une allégorie du printemps, un char sur

REPRODUCTION EN HAUT A GAUCHE:
Projet de costume pour la «Rhétorique»
destiné à la parade de 1571 à Vienne.
Dessin à la plume et au lavis bleu
30 × 20 cm
Nº inv. 3152
Inscription en haut du dessin: «La Rhétorique conduite par le Romain Cicéron et l'Athénien Démosthène. Toge rouge».

REPRODUCTION EN HAUT A DROITE:
Projet de costume pour l'«Astrologie»
destiné à la parade de 1571 à Vienne.
Dessin à la plume et au lavis bleu
30 × 20 cm
Nº inv. 3156
Inscription en haut du dessin: «L'Astrologie conduite par l'Alexandrin Ptolémée et le Romain Jules Hyginus. Habit blanc à bordures rouges ornées d'étoiles d'or».

lequel était représenté le fleuve Po refermait ce cortège dédié à l'Italie.

Le zéphyr et deux vents d'ouest introduisirent la représentation de l'Espagne. L'allégorie du feu y était suivie du soleil incarné par le successeur au trône impérial, Rodolphe, qui avait été élevé à la cour d'Espagne. Il portait l'élément associé à l'Espagne: l'or. Le fleuve Hiberus fermait les rangs espagnols.

Le vent du sud emmenait le groupe gaulois. Son élément, la terre, était suivi de Jupiter porteur du don gaulois, c'est-à-dire l'étain. Avant que le Rhône ne vienne clore ce groupe, d'autres nobles défilèrent. L'un d'eux était déguisé en chevalier français et personnifiait l'automne.

La dernière formation de cette parade allégorique était l'équipage germanique conduit par le vent du nord. La déesse Luna portant le métal germanique, l'argent, était précédée par une personnification de l'eau. Maximilien II, sous le déguisement de l'hiver, dominait le cortège allemand.

La première journée de réjouissances s'acheva par un dîner et un bal auquel les invités se présentèrent en grand apparat. Le divertissement allégorique se termina le lendemain par un autre défilé.

Notes

1. B. Geiger, Giuseppe Arcimboldi p. 18
2. Ibid., p. 30–31
3. Ibid., p. 22–23
4. Ibid., p. 26–27
5. Ibid., p. 31–32
6. A. Beyer, Arcimboldo, Figurinen p. 106
7. B. Geiger, op. cit. p. 9
8. Ibid. p. 9
9. Ibid. p. 39
10. Ibid. p. 55
11. Th. DaCosta Kaufmann, Variations on the Imperial Theme in the Age of Maximilian II and Rudolf II p. 98
12. A. Pieyre de Mandiargues, Arcimboldo le merveilleux p. 108
13. Ibid., p. 42–44
14. Ibid. p. 110
15. Ibid., p. 111
16. G. R. Hocke, Labyrinthe de l'art fantastique p. 30
17. Ibid., p. 49
18. Platon, Timée p. 448
19. Ibid., p. 459
20. Ibid., p. 503
21. Ibid., p. 504
22. B. Geiger, op. cit. p. 198
23. G. R. Hocke, op. cit. p. 50
24. B. Geiger, op. cit. p. 150

Chronologie

1527 Naissance à Milan de Giuseppe Arcimboldo. Sa mère est Chiara Parisi, son père l'artiste peintre Biagio Arcimboldo. Naissance de Maximilien II.

1549 24 décembre: Arcimboldo est cité pour la première fois dans les annales de la Fabrique du Dôme de Milan où il travaille aux côtés de son père.

1552 Naissance de Rodolphe II, fils de Maximilien II.

1558 Arcimboldo cesse de travailler à la cathédrale de Milan. Exécution de cartons pour une tapisserie destinée à la cathédrale de Côme.

1562 Départ d'Arcimboldo pour Vienne où il est appelé à la cour impériale comme portraitiste-copiste. Couronnement de Maximilien roi de Bohême et de l'Empire romain.

1563 Arcimboldo peint la première série des *Saisons*.

1564 Maximilien est sacré empereur de l'Empire romain germanique.

1565 Les registres de la cour impériale font mention d'Arcimboldo comme peintre de la cour.

1566 Arcimboldo peint *Le Juriste* et commence la série des *Eléments*. Voyage en Italie.

1568 Giovanni Battista Fonteo devient l'assistant d'Arcimboldo.

1569 L'empereur reçoit les *Saisons* et les *Eléments* comme cadeau de nouvel an. Arcimboldo et Fonteo rédigent un poème accompagnant ces tableaux.

1570 Un grand tournoi est organisé à Prague en l'honneur des noces d'Elisabeth, fille de Maximilien II avec Charles IX de France. Arcimboldo participe à l'organisation et à la réalisation de ce tournoi.

1571 Mariage de l'archiduc Charles d'Autriche avec Marie de Bavière. Les fêtes nuptiales sont organisées et dirigées par Arcimboldo assisté de Fonteo et Jacopo Strada.

1572 Répliques des *Saisons*.

1573 Arcimboldo peint les troisième et quatrième versions des *Saisons* commandées par Maximilien II en l'honneur du prince-électeur de Saxe.

1575 Rodolphe II est couronné roi de Bohême à Prague et peu de temps après roi des Romains à Ratisbonne. Arcimboldo assiste à ces cérémonies.

1576 Mort de l'empereur Maximilien II. Rodolphe lui succède sur le trône impérial.

1580 Rodolphe II confirme la noblesse de la famille Arcimboldo.

1584 Premier texte consacré à Arcimboldo sous la plume de G. Lomazzo dans son ouvrage *Trattato dell'Antichità della Pittura.*

1585 Arcimboldo offre à Rodolphe II 148 dessins de costumes, coiffures et objets décoratifs.

1587 Arcimboldo quitte Prague pour Milan. Il reçoit de l'empereur 1550 florins en récompense de ses services.

1589 De Milan, Arcimboldo anvoie à Prague le tableau intitulé *Flore,* accompagné d'un poème de Comanini.

1591 Comanini publie *Il Figino* à Mantoue. Le portrait de Rodolphe II en «Vertumne» est expédié à Prague. Un poème de Comanini célèbre ce tableau.

1592 Publication à Venise de l'ouvrage de Paolo Morigia *Historia dell'Antichità di Milano.*

1593 Mort à Milan de Giuseppe Arcimboldo.

Bibliographie

Alfons, Sven: Giuseppe Arcimboldo, Malmö, 1957.

Barthes, Roland: Arcimboldo. Achille Bonito Oliva, Corinna Ferrari et Francesco Porzi éditeurs, Parme, 1978.

Beyer, Andreas: Giuseppe Arcimboldo. Figurinen. Francfort/Main, 1983.

Casati, Carlo: Giuseppe Arcimboldo pittore milanese, dans: Archivo Storico Lombardo, XII (1885).

DaCosta Kaufmann, Thomas: Variations on the Imperial Theme in the Age of Maximilian II and Rudolf II, New York, 1978.

Evans, R. J. W.: Rudolf II and his World. A Study in Intellectual History 1576–1612, Oxford, 1973

Geiger, Benno: Die skurrilen Gemälde des Giuseppe Arcimboldi, Wiesbaden, 1960. Ed. originale: I dipinti ghiribizzosi di Giuseppe Arcimboldi, Florence, 1954.

Hauser, Arnold: Der Manierismus, Munich, 1964.

Hocke, Gustav René: Labyrinthe de l'art fantastique, Paris, 1977.

Legrand, Francine-Claire et Félix Sluys: Giuseppe Arcimboldo et les Arcimboldesques, Paris, 1955.

Pieyre de Mandiargues, André: Arcimboldo le merveilleux, Paris, 1977.

Platon: Timée, dans: Œuvres complètes, tome II, Paris, 1950.

Preiss, Pavel: Giuseppe Arcimboldo, Prague, 1967.

Stilleben in Europa, Catalogue de Landschaftsverband Westphalie-Lippe, Münster, 1979.

Wescher, Paul: The ‹Idea› in Giuseppe Arcimboldo's Art, dans: Magazine of Art, Washington, janv. 1950

Würtemberger, Franzsepp: Der Manierismus, Vienne, 1962.

L'éditeur et l'auteur remercient les musées, les collectionneurs, les photographes et les services d'archives qui ont autorisé les reproductions présentées dans ce livre. Artothek, Planegg; Petre Heman, Bâle; Foto Linster, Telfs; Meyer KG, Vienne; archives photos Benedikt Taschen Verlag, Cologne; Walther & Walther Verlag, Alling.